BRIEFE

einer

BEKLOPPTEN

von

CLAIRE AL SALAMI

Geschrieben von Claire Al Salami, lustige Witwe von Sheikh Al Salami, der nie starb, weil er nie lebte, in dunklen, mondschein-hellen Nächten in ihrem Kellerverließ unter dem Reetdach.

Schicken Sie Claire Al Salami eine e-mail, wenn sie ihr etwas zu sagen haben: **sheikh_al_salami@hotmail.com**
Sie antwortet Ihnen bestimmt, denn sie schreibt für ihr Leben gern.

Von Besuchen in ihrem „Schloß der Gaukler" (Château des Cinglés) in Dubai, das es nicht gibt, bittet sie, in Ihrem eigenen Interesse abzusehen.

In dringenden Fragen wenden Sie sich bitte an ihren Rechtsanwalt:
Joachim Sachs
Bredenbekstraße 55   22397 Hamburg
Telefon: (040) 607-2608 – Fax: (040) 607-2708

Herstellung: Books on Demand GmbH, Norderstedt

ISBN 3-8311-2447-7

Dieses Buch kann ungläubiges Stirnrunzeln, hilfloses Kopfschütteln und krampfartige Lachanfälle hervorrufen. Dabei entstehende Lachfältchen und Magenschmerzen sind harmlos und nur vorübergehend.

Für Kinder und Jugendliche sehr geeignet, um ihnen zu zeigen, daß bekloppte Menschen auch nur Menschen sind.

Dosierung: 2-10 Seiten täglich, je nach Bedarf, auch gerne in der Mittagspause, damit die Stunden bis zum Feierabend schneller vergehen. Besonders wirksam, wenn laut gelesen. Auf eine mögliche Ansteckungsgefahr durch den Lachbazillus wird ausdrücklich hingewiesen.

Gegenanzeigen: Humorlosigkeit. Besserwisserei. Begriffsstutzigkeit. Stumpfsinn.

Zu Risiken und Nebenwirkungen fragen Sie Ihren Buchhändler.

Hafidh Ahmad Muhammad Othman Abdullah
Bin Abd Nagi Faisal Hamad Jawzi Al Salami
Château des Cinglés – Dubai (U.A.E.)
Fax: (++1-801) 751-7857 - E-mail: sheikh_al_salami@hotmail.com

PERSÖNLICH UND VERTRAULICH!
Herrn
Christoph Jacobi
Geschäftsführer
COCA-COLA GmbH
D-45136 Essen
FAX: (0049-201) 821-1526

Sehr geehrter Herr Jacobi:

Bis zum unerwarteten Ableben Ihres Präsidenten, Roberto Goizueta, waren mein Mann und ich begeisterte Konsumenten Ihres herrlichen Getränkes, von dem ich damals täglich etwa 1,5 Liter konsumierte
und trotzdem mein Gewicht hielt. Das ist nun vorbei! Denn mein Mann
hat mit großer Bestürzung zur Kenntnis genommen, daß in Ihrem Soft-
drink Extrakte des berüchtigten Coca-strauches enthalten sein soll. So
behauptet jedenfalls eine amerikanische Konsumzeitschrift. Mit anderen
Worten: **Coca-Cola enthält die (Modedroge) Kokain!**
Sheikh Al Salami raucht zwar gerne seine Opiumpfeife, was ich nicht
schön finde, aber im Orient hat eine Frau nichts viel zu vermelden, das
wissen Sie ja. Ich jedenfalls darf nun nicht mehr Coca-Cola trinken. Es
drohen drakonische Strafen. Zum Beispiel nimmt er mir unser Privatflugzeug weg, wenn er mich erwischt, mit dem ich so gerne zum Shop-
ping nach USA jette! Ja, er gab unserem Personal den Auftrag, nur
noch PEPSI einzukaufen. Das Zeug schmeckt schrecklich, künstlich, und
viel zu süß. Ich flehe Sie an: Schreiben SIE mir als Geschäftsführer von
Coca-Cola ein offizielles FAX, Sie nimmt mein Mann nämlich ernst! Darin
sollte stehen:

Daß **KEIN** Kokain in Coca-Cola enthalten ist!
Daß Ihr Präsident **NICHT** an einer Überdosis Kokain starb.
Daß die Tatsache, daß das Geheimrezept von Coca-Cola seit 1918 ver-
schlossen bleibt, **nichts** damit zu tun hat, daß Kokain beigemischt wird.

Ich warte auf Ihre Antwort, die mein Leben wieder lebenswert macht!
Ihre

Coca-Cola G.m.b.H.

Max-Keith-Straße 66
45136 Essen
Telefon (02 01) 821-01
Telefax (02 01) 821-15 10

Per Fax an: ++1-801-751-7857
Claire Al Salami
Château des Cinglés

Dubai (U.A.E.)

Essen, 04.04.01
PA/C-PvB/HR
Tel.: 0201/821-1124

Ihr Fax vom 27.03.01 / Fragen zu unserem Produkt Coca-Cola

Sehr geehrte Claire Al Salami,

vielen Dank für Ihr Schreiben und Ihr Vertrauen, sich mit Ihrer Frage direkt an uns gewendet zu haben. Zuständigkeitshalber hat Herr Jacobi uns als Fachabteilung Verbraucherservice gebeten, Ihr Schreiben zu beantworten.

Leider kennen wir den Artikel aus der amerikanischen Konsumzeitschrift nicht, auf den Sie Bezug nehmen und der offensichtlich Falschinformationen verbreitet. Gern bestätigen wir Ihnen aber, dass unser weltweit beliebtes Erfrischungsgetränk Coca-Cola natürlich kein Kokain oder andere illegale Zusatzstoffe enthält; vielmehr wird Coca-Cola überall auf der Welt in Übereinstimmung mit den geltenden Lebensmittelgesetzgebungen hergestellt.

Dass die Zusammensetzung von Coca-Cola das bestgehütete Geheimnis in der Geschichte unseres Unternehmens ist, ist allerdings absolut richtig. In mehr als 114 Jahren hat trotz zahlreicher Versuche niemand jemals das Produkt kopieren können. Die Zusammensetzung des Coca-Cola Konzentrats ist schriftlich niedergelegt und das einzige Exemplar der Formel – auch als "7X" aufgrund der sieben enthaltenen Essenzen betitelt - wird in einem Tresor der Trust Company, heute SunTrust Company in Atlanta/Georgia aufbewahrt.

Zu Ihrer zusätzlichen Information über die in unserer Firmengeschichte herausragende Persönlichkeit von Roberto C. Goizueta legen wir diesem Schreiben eine Kopie des Nachrufs bei, der anlässlich seines Todes im Oktober 1997 in unserer Mitarbeiterzeitschrift "Coca-Cola Journal" erschien.

Sehr geehrte Claire Al Salami, wir hoffen sehr, Ihnen mit diesen Ausführungen weitergeholfen zu haben und würden uns freuen, Sie und Sheikh Al Salami bald wieder zu unseren zufriedenen Coca-Cola Konsumenten zählen zu können.

Mit besten Grüßen aus Essen nach Dubai verbleibt

Coca-Cola GmbH
Consumer Affairs/Verbraucherservice

Petra von Brachel   Heike Rosenberger

Sitz der Gesellschaft: Essen
Eingetragen im Handelsregister beim Amtsgericht Essen, Abt. B, unter Nr. 527
Geschäftsführer: Christoph Jacobi (Vorsitzender), Antony C. Pulton, Detlef Schmitz

ILN 40 08626 00000 4
Commerzbank, Essen (BLZ 360 400 39) 1 100 387
HSBC Trink+ Burkhardt, Düsseldorf (BLZ 300 308 80) 302 124 019

Ḥafidh Aḥmad Muhammad Othman Abdullah Bin Abd
Ragi Faisal Ḥamad Fawzi Faisal Al-Salami

PERSOENLICH! VERTRAULICH!

An die
Geschaeftsleitung
Soft-Porno-Produktion
BEATE UHSE VERSANDHAUS
Flensburg

Sehr geehrte Damen und Herren:

Mein Sohn IBM moechte unbedingt Modell werden. Ich kann und will ihm diesen
Wunsch nicht ausreden. Er soll selbst seine Erfahrungen machen. Ich kann mir
nun allerdings vorstellen, dass er eine tolle Karriere machen wuerde. Aus dem
simplen Grund:

IBM kam mit zwei kleinen Luststengeln zur Welt!

Als aufgeklaerte Frau, die mit einem Mann zusammenlebt, der ausser mir noch
drei Frauen gluecklich macht und befriedigt (Faisal ist Moslem!), weiss ich
nur zu gut, dass mein Sohn speziell auf dem Pornosektor glaenzend an-kommen
muesste. Denken Sie nur daran, wie sich bei einem "Threesome" zwei Frauen mit
und an ihm vergnuegen koennen!

Ich schicke IBM's Foto in Kopie mit und wuerde mich freuen, von Ihnen zu
hoeren. Gerne sind wir auch zu einem persoenlichen Kommen bereit. Er koennte
Ihren Produzenten dann beweisen, dass er zweimal kommen kann, in Stereo sozu-
sagen.

Gerne hoere ich von Ihnen! Mit freundlichen Gruessen,

Claire Al-Salami					17/11/97

Beate Uhse international
Großhandel – Export – Lizenzen

Abs: Postfach 29 55 • D-24919 Flensburg

Frau
Claire Al-Salami

Gutenbergstraße 12
D-24941 Flensburg
Postfach 29 55
D-24919 Flensburg
Telefon (04 61) 99 66-0
Telefax (04 61) 99 66-366
Bankverbindung: Deutsche Bank AG, Flensburg
Kto.-Nr. 41/43 400 (BLZ 215 700 11)

reiben	Ihr Zeichen	Unser Zeichen	Tel. (04 61) 99 66-0 Durchwahl 99 66-	Datum
		DR/EV	332	19.11.97

Sehr geehrte Frau Al-Salami,

herzlichen Dank für Ihr Schreiben vom 17.11.97 und die Bewerbung Ihres Sohnes als Videodarsteller.

Leider können wir Ihnen keinen positiven Bescheid geben, da die Unternehmensgruppe Beate Uhse keine eigene Video-Produktion hat.

Für Ihre weiteren Vorhaben wünschen wir Ihnen alles Gute und viel Erfolg !

Mit freundlichen Grüßen

Beate Uhse Deutschland AG

(Dirk Riedel)
Produkt-Manager

Ḥafidh Aḥmad Muhammad Othman Abdullah
Bin Abd Nagi Faisal Hamad Jawzi Al Salami

Château des Cinglés – Dubai (U.A.E.)
Fax: (++1-801) 751-7857 - E-mail: sheikh_al_salami@hotmail.com

PERSÖNLICH! VERTRAULICH!
Herrn
Egon Krenz
zu Händen Herrn Karsten Krenz
D-14129 Berlin (Deutschland)
FAX: (0049-30) 6165-791

Lieber Herr Krenz:

Ich hoffe, Sie erinnern sich noch an unser kurzes, wenn auch intensives Treffen während Ihrer Lesetour durch Deutschland. Meinem Mann, der zeit seines Lebens eigentlich immer mehr unpolitisch war, hat Ihre Biographie, die Sie uns damals mit einer so hübschen handschriftlichen Widmung überreichten, noch bis zu seinem Ableben gern gelesen. Ich weiß, daß Sie inhaftiert sind. Hafidh und ich waren einer Meinung: Eine in Ihrem Fall sicher nicht notwendige Maßnahme. Ich verstehe vor allem nicht, wieso die Bundesregierung Deutschland, insbesondere ihr ehemaliger Kanzler Kohl, die zwischen ihm und Präsident Gorbatschow getroffene Vereinbarung nicht einhält. Darin heißt es ganz deutlich, bitte, berichtigen Sie mich: „Kein Würdenträger der DDR soll von der Bundesregierung Deutschland vor Gericht gestellt und verurteilt werden."
Ich will es kurz machen: Die Testamentseröffnung hier in New York ist vorüber. Mein Mann hat Ihnen persönlich eine Million Mark vermacht. Dieser Brief geht an Sie über die Fax-nummer Ihres Sohnes, er wird sich sicher bei mir melden. Wie geht es Ihrer Gattin und Ihrem zweiten Sohn? Können Sie Hafturlaub beantragen und nach USA kommen? Soll ich Ihnen das Geld in die Justizvollzugsanstalt bringen? Können wir uns dort persönlich aussprechen? Viele Fragen – ich weiß, aber ich möchte natürlich den letzten Willen meines Mannes so schnell wie möglich erfüllen.

Herzlich und in Erinnerung an unser auch mir unvergeßliches Treffen, Ihnen lieber Egon Krenz alles Gute und hoffentlich auf Bald!
Ihre

Sehr geehrte Frau Claire Al Salami,

Herzlichen Dank für Ihre Mail vom 15. April 2001. Es ist meinem Vater in diesen Zeiten eine große Hilfe, Anteilnahme anderer Menschen zu bekommen.

Allerdings ist es eher selten, daß diese Anteilnahme mit einem Erbe verbunden ist. In der Vergangenheit haben Journalisten schon häufiger versucht, meinen Vater mit vermeintlichen Erbgeschichten zu diskreditieren. Geklappt hat das nie. Ich bitte Sie daher um Verständnis für das folgende Vorgehen:

Ich berate meinen Vater seit mehreren Jahren. Bevor ich ihm Ihr Schreiben vom 15. April 2001 zur Kenntnis vorlege, benötige ich einige weitere Informationen. Bitte spezifizieren Sie, wann das Treffen zwischen meinem Vater, Ihrem Mann und Ihnen stattfand. Weiter würde ich gerne die Motive Ihres Mannes kennen, die ihn dazu bewegten, meinen Vater eine so beträchtliche Summe zuzuwenden. Sehr hilfreich wäre eine beglaubigte Abschrift der Todesverfügung (des Testaments).

Ich bitte Sie nochmals um Verständnis, daß ich ohne diese Informationen meinem Vater Ihr Schreiben nicht zur Kenntnis oder gar Entscheidung vorlegen kann. Wie Sie sich sicher vorstellen können, hat mein Vater nicht nur Freunde. Deshalb betrachten Sie das hier vorgeschlagene Vorgehen bitte nicht als Mißtrauen Ihnen gegenüber, sondern als Vorsichtsmaßnahme meinerseits, die notwendig ist, um meinen Vater zu schützen.

Ich schlage vor, Sie rufen mich unter den unten genannten Telefonnummern an oder mailen mir Ihre Telefonnummer.

Mit freundlichen Grüßen

Carsten Krenz
krenzmedien
Rudolf-Ditzen-Weg 9
13156 Berlin

Hafidh Ahmad Muhammad Othman Abdullah
Bin Abd Nagi Faisal Hamad Fawzi Al Salami

Château des Cinglés – Dubai (U.A.E.)

Fax: (++1-801) 751-7857 - E-mail: sheikh_al_salami@hotmail.com

Herrn
Egon Krenz c/o Karsten Krenz
Rudolf-Ditzen-Weg 9
D-13156 Berlin (Deutschland)
FAX: (0049-30) 4863-8442 / Tel: 4863-8441

Lieber Herr Krenz:

Ich bin überrascht, verwundert und ein wenig gekränkt, daß Ihr Sohn, den wir nie persönlich kennenlernten, wissen möchte, welche Motive meinen verstorbenen Gatten veranlaßten, Sie mit einem ganz geringen Teil seines Vermögens zu bedenken. Ich kann mir absolut nicht vorstellen, daß dies in Ihrem Sinn ist. Wenn Sie an unsere Gespräche denken, werden <u>Sie</u> wissen, warum Hafidh Sie in seinem Testament einschloß. Es ist mir ebenfalls nicht begreiflich, warum Ihr Sohn das genaue Datum unseres Treffens wissen möchte. Das geht doch eigentlich nur Sie und uns etwas an. Schön, daß Ihr Sohn, gegen den ich persönlich nichts habe (ich kenne ihn ja auch gar nicht!), Sie berät, wie er schreibt. Aber ich glaube nicht, daß Sie einen Vormund brauchen! Hat Ihr Sohn wirklich von Ihnen Anweisung, zu entscheiden, was er Ihnen vorlegt? Es bleibt auch dubios, warum Ihr Sohn eine beglaubigte Abschrift des Testamentes fordert. Ich will hier nichts unterstellen, aber ich kenne Ihre Familienverhältnisse nicht und bin schon jetzt ausgesprochen mißtrauisch, daß er Ihnen meinen ersten Brief vorenthält. Ist das nicht merkwürdig? Und die Tatsache, daß er sichtlich in den Medien arbeitet (krenzmedien???) macht mich nun noch vorsichtiger – ich habe nicht das geringste Interesse, plötzlich in den Medien zu erscheinen, Sie werden dies sicherlich verstehen!
Ich bin gespannt, ob Sie diesen Brief überhaupt erhalten und mir antworten können. Zur Vorsicht werde ich mich, wenn ich von Ihnen persönlich nichts höre, direkt an die Strafvollzugsanstalt wenden, damit Sie wissen, was hier vorsichgeht.
Ich warte auf Ihre Antwort und grüße Sie herzlich!
Ihre

Claire

Sonntag, 22. April 2001

Liebe Frau Claire Al Salami,

mein Sohn hat mir von Ihrer Post berichtet. Ihrem Schreiben entnehme ich, daß Sie von meiner Haft wissen. Es ist mir glücklicherweise gelungen, eine Arbeit zu finden. Das ermöglicht mir, am Tage die Haftanstalt zu verlassen. Dennoch ist es nicht einfach, Haft, Arbeit und umfassende Korrespondenz unter einen Hut zu bringen. Mein Sohn hilft mir dabei. So ist es schon in Ordnung, daß er Ihnen auf Ihre erste Nachricht hin geantwortet hat. Wir sehen uns wegen meiner Situation selten.

Natürlich will er unseren Kontakt nicht in die Medien bringen. Im Gegenteil: In unserer Zeit gibt es viele Möglichkeiten, daß Journalisten die neuen Formen der Kommunikation nutzen, um sich Informationen oder auch Vertrauen zu erschleichen. Es ist auch schon vorgekommen, daß sie versuchen, mit Personen der Öffentlichkeit ihre Späße zu machen und sie in die Irre zu führen. Auf solche Dinge wollen wir ja nicht hineinfallen. Deshalb hat mein Sohn Sie um nähere Informationen gebeten.

Es ist ja auch nicht ausgeschlossen, daß jemand Drittes Ihren Namen mißbraucht. Es tut mir leid, falls Sie sich wegen unserer Zurückhaltung gekränkt fühlen.

Wenn Sie jene verehrte Frau sind, die ich vor mehr als 10 Jahren mit Ihrem Gatten getroffen habe, dann freue ich mich sehr, von Ihnen zu hören. Viel ist seitdem geschehen. Ich nehme an, daß Sie die Situation in Deutschland kennen. Eine Reise ins Ausland ist mir versagt. Das wird wahrscheinlich noch einige Jahre so bleiben.

Es ist mir eine Herzensbedürfnis, Ihnen mein Beileid zum Ableben Ihres Gatten auszusprechen. Ich drücke Ihnen fest die Hand.

Wenn Sie wollen, rufen Sie mich doch unter meiner Telefon - Nummer 030/4 5 9 9 an. Sie erreichen mich in der Regel ab 9.00 Uhr an meinem Arbeitsplatz.

Ich grüße Sie herzlich und verbleibe
Ihr Egon Krenz

**Hafidh Ahmad Muhammad Othman Abdullah
Bin Abd Nagi Faisal Hamad Fawzi Al Salami**
Château des Cinglés – Dubai (U.A.E.)
Fax: (++1-801) 751-7857 - E-mail: sheikh_al_salami@hotmail.com

Herrn
Egon Krenz c/o Karsten Krenz
Rudolf-Ditzen-Weg 9
D-13156 Berlin (Deutschland)
FAX: (0049-30) 4171-9089

Lieber Herr Krenz:

Wie schön, von Ihnen persönlich Post zu erhalten! Ich freue mich, daß Sie mein Brief doch noch erreicht hat und es Ihnen – den Umständen entsprechend – gutgeht. Ich bin erleichtert, daß es zwischen Ihrem Sohn und Ihnen keine Geheimnisse gibt, so daß das Geld in die richtigen Hände fällt. (Was Sie dann damit machen, bleibt Ihnen überlassen, haben Sie schon Pläne?)
Ich danke Ihnen für die freundliche Anteilnahme zum Ableben meines Mannes. Es ist nicht leicht, plötzlich allein zu sein, wir haben uns doch nur sehr selten getrennt und viele schöne Jahre miteinander verbracht. Vor allem die Abende und Nächte sind grausam – Ihnen muß es ähnlich gehen, warum läßt man Sie nicht zuhause, wenn Sie – wie Sie schreiben – schon tagsüber Ausgang haben? Ich verstehe die deutsche Justiz nicht....! Schade, daß Sie nicht nach USA kommen können! Wie wollen wir die Transaktion nun vornehmen? Ich möchte eigentlich vorschlagen, in diesem Ausnahmefall nach Berlin zu kommen, können wir uns mit Ihrer Gattin treffen? Wie? Wann? Wo? Möchten Sie das Geld in bar? Einen Scheck? Auf welchen Namen wohin? Viele Fragen, ich weiß, aber die Angelegenheit muß erledigt werden, und ich habe ohnehin in der Schweiz zu tun, der Abstecher und das Gespräch mit Ihnen beiden wird mir guttun und mich ablenken. Was bedeutet „krenzmedien"? Ich bin sehr beruhigt, daß Sie Diskretion zusicherten und hatte übrigens keineswegs die Absicht, Ihrem Herrn Sohn irgendetwas zu unterstellen!

Ich warte auf Ihre Antwort und grüße Sie herzlich!
Ihre

Claire
Sonntag, 29. April 2001

EGON KRENZ

13156 BERLIN
TELEFON: 030/4   9

Berlin, den 2. Mai 01

Frau
Claire Al Salami
Per FAX: ++1-801 7517857

Liebe Frau Claire Al Salami,

vielen Dank für Ihr Fax.

Über Ihre warmherzigen Worte habe ich mich gefreut.
Ich kann sehr wohl nachempfinden, was Sie über Ihr Leben nach dem Tode Ihres Mannes
schreiben.
Ich wünsche Ihnen von Herzen, daß die Zeit Ihre Wunden heilt.

Manches ließe sich über das von Ihnen angesprochene Verhalten der deutschen Justiz mir
gegenüber sagen. Wenn wir uns treffen sollten, kann ich alle Fragen, die Sie dazu haben,
gern beantworten. Wahrscheinlich können Sie sich vorstellen, daß die letzten 11 Jahre für
meine Familie nicht einfach waren. Dazu der lange Prozeß, der Weg durch alle Instanzen, die
gegenwärtige Haft und die nicht unbeträchtlichen Prozeßkosten.
Wir halten trotz aller Widrigkeiten zusammen und werden es auch gemeinsam überstehen.

Natürlich freue ich mich, daß Sie nach Berlin kommen wollen. Wann immer es Ihnen möglich
ist, werde ich versuchen, mich – unter Berücksichtigung meiner besonderen Situation - mit
Ihnen zu treffen. Meine Frau wird Ihnen gern zur Seite stehen. Teilen Sie uns mit, wie Ihre
Reisepläne sind und wie meine Frau Ihnen bei der Realisierung behilflich sein kann.
Wir warten auf Ihre Nachricht.
Bis dahin alles Gute!

Ich grüße Sie herzlich

Ihr Egon Krenz

**Hafidh Ahmad Muhammad Othman Abdullah
Bin Abd Nagi Faisal Hamad Jawzi Al Salami**
Château des Cinglés – Dubai (U.A.E.)
Fax: (++1-801) 751-7857 - E-mail: sheikh_al_salami@hotmail.com

Herrn
Egon Krenz c/o Karsten Krenz
Rudolf-Ditzen-Weg 9
D-13156 Berlin (Deutschland)
FAX: (0049-30) 4   9

Lieber Herr Krenz:

    Es tut mir leid, wenn ich mich erst heute bei Ihnen wieder melde, aber ich lag in Rio bei meinem Freund Ivo unter dem Messer. Ein paar kleine Korrekturen, sozusagen, damit ich mich wieder unter die Leute wagen kann, Sie wissen ja: frau wird nicht schöner mit dem Alter!
Nun bin ich aber wieder zurück in New York und kann Pläne machen. Ich hoffe, es geht Ihnen den Umständen entsprechend gut, dasselbe hoffe ich von Ihrer Frau, wir haben uns so viel zu erzählen! Meine besten Grüße auch an Ihren Sohn, was macht er nun eigentlich mit seiner Medienagentur? Ich bin immer noch ein bißchen zurückhaltend – Sie wissen schon, warum.
Ganz wichtig ist: Wie möchten Sie das Geld haben? Gibt es irgendwelche Probleme mit einem Bankscheck? (Ich denke an etwaige Gläubiger – von der Steuer zu schweigen). Soll ich es also mitbringen (René, mein persönlicher Assistent, hat schon ganz andere Summen im Koffer transferiert, haben Sie keine Bedenken!!!). Bevorzugen Sie eine Überweisung in die Schweiz? Hat Ihre Gattin zu einem Einkaufsbummel mit mir in Berlin Lust. Ich werde im Ritz Carlton absteigen, das ist etwas privater als das Adlon, zumal ich mit meinem Mann unangenehme Erinnerungen an den „Osten" von Berlin habe. Bitte, lassen Sie von sich hören – ich plane meine Reise zu Ihnen für Ende August – paßt Ihnen das? Können wir uns zum Mittagessen verabreden? Wo? Wann? Ich höre großartige Dinge von der Paris-Bar, was meinen Sie?

Ich warte auf Ihre Antwort und grüße Sie herzlich!
Ihre

Claire
Dienstag, 19. Juni 2001

EGON KRENZ

13156 BERLIN
TELEFON: 030/4

Berlin, den 23. Juni 2001

Frau
Claire Al Salami,
Per FAX: ++ 1-801 7517857

Liebe Frau Claire Al Salami,

es freut mich, daß Sie wohlbehalten aus Rio zurück sind und nun schon wieder neue Reispläne haben. Schöpferische Unruhe ist wohl auch die beste Medizin, um fit zu bleiben.

Meine diesbezügliche Planung wird nach wie vor von der deutschen Justiz eingeschränkt. Glücklicherweise habe ich Arbeit, um einige Stunden des Tages in Freiheit zu verbringen. Dennoch fällt es mir schwer, schon heute konkrete Angaben für Ende August machen zu können. Auf jeden Fall freue ich mich auf ein Wiedersehen mit Ihnen.

In Abhängigkeit von Ihren Vorhaben wäre es wahrscheinlich möglich, daß wir uns in der Woche vom 3. bis 9. September in Berlin treffen. Meine Frau und ich würden uns freuen, wenn Sie uns zu Hause besuchen. Alles, was Sie mich in Ihrem FAX fragen, sollten Sie so entscheiden, wie Sie es für richtig halten. Vielleicht sollten wir aber vorher telefonischen Kontakt aufnehmen, um Einzelheiten Ihres Besuches zu besprechen. Paßt Ihnen der Termin? Wissen Sie, wo wir wohnen? Das und anderes könnten wir telefonisch besprechen.

Sie fragen nach meinem jüngsten Sohn. Er ist selbständig. Krenzmedien ist seine Firma. Sie können davon ausgehen, daß das kleine Unternehmen seriös ist und nichts unternehmen wird, was Ihren Besuch öffentlich machen würde.

Ich hoffe, daß Sie im Sommer Urlaub haben. Erholen Sie sich gut!

Meine Frau und ich wünschen Ihnen alles erdenklich Gute?
Wir warten auf ihren Anruf. Am besten werktags in der Zeit von 9.00 Uhr bis 20.00 Uhr mitteleuropäischer Zeit.

Mit herzlichen Grüßen
Ihr

Egon Krenz

Hafidh Ahmad Muhammad Othman Abdullah
Bin Abd Nagi Faisal Hamad Fawzi Al Salami
Château des Cinglés – Dubai (U.A.E.)
Fax: (++1-801) 751-7857 - E-mail: sheikh_al_salami@hotmail.com

<u>Persönlich und absolut vertraulich!</u>

Dr.
Hans Friedrich
Zoologischer Garten Berlin AG
Hardenbergplatz 8
D-10787 Berlin (Germany)
FAX: (0049-30) 2540-1255

Sehr geehrter Herr Dr. Friedrich:

Scheich Al Salami und ich kennen Ihren Tierpark. Wir wissen, daß Sie und Ihre Mitarbeiter redlich bemüht sind, den Tieren das Leben so angenehm wie möglich zu machen. Darum wende ich mich heute an Sie!

Zur kommenden Adventszeit bringen wir für den Christkindlmarkt in Nürnberg vier norwegische Elche, die den Taigaschlitten ziehen werden, nach Deutschland. Ebenfalls dabei ist unser tibetanischer Schlittenhund Tai-Tung, den mein Mann im Vorjahr vom Dalai Lama persönlich geschenkt bekam.

Nach den Festlichkeiten in Nürnberg werden die fünf Tiere, die sich prächtig verstehen, nach Berlin gebracht, wo sie in einer Sendung von SAT 1 Stargast sind. Das Problem liegt in der Unterbringung. Wir möchten die Tiere darum bei Ihnen am 15. Dezember 2001 abgeben und in Pension geben. Für die anfallenden Kosten kommen wir gerne auf! Natürlich sind Impfpässe und Gesundheitszeugnisse vorhanden! Tai-Tung ernährt sich übrigens vornehmlich von polnischen Gänsen, ich hoffe, das macht keine Umstände!

Was berechnen Sie uns für Vollpension für maximal eine Woche?
Wird bei Ihnen im Zoo auch Weihnachten gefeiert?
Würden Sie als Talkgast in der Sendung auftreten und eine kleine „Laudatio" auf Tai-Tung und die vier Elche halten?

Ich freue mich auf Ihre positive Antwort!
Mit freundlichen Grüßen,

Claire Al Salami

ZOOLOGISCHER GARTEN BERLIN AG   10787 Berlin, Hardenbergplatz 8

FAX NACHRICHT / FAX MESSAGE
von / from
Dr. Hans Frädrich
- Direktor -

____

       Frau Claire Al Salami

An / to:

Seiten / Pages:

    1   28. März 2001

Sehr geehrte Frau Al Salami,

vielen dank für Ihr persönliches und absolut vertrauliches Fax.
Ich habe Ihren Wunsch mit meinen Kollegen besprochen, und wir
sind nach langem, heftigen Überlegen nun doch zu der Ansicht
gelangt, dass die Einstellung der Elche und des tibetischen
Schlittenhundes bei uns zu risikoreich wäre. Wenn die Maul- und
Klauenseuche bis nach Deutschland vordringen sollte, wäre damit
zu rechnen, dass der Transport von Klauentieren für längere
Zeit völlig zum Erliegen kommt. Auch die Versorgung von „Tai-
Tung" mit polnischen Gänsen kann nicht 100%ig sicher in Aussicht gestellt werden, da angesichts der BSE-Krise am Mar-
tinstag voraussichtlich so viele Gänse gegessen werden, dass es
anschließend zu Engpässen kommt. Ich hoffe, dass Scheich Al Salami und Sie unserem Zoo trotz dieser Absage gewogen bleiben
und verbleibe

                mit freundlichen Grüßen

                (Dr. Hans Frädrich)

Ĥafidh Ãhmad Ɯuhammad Øthman Ãbdullah Bin Ãbd
Ꞃagi Faisal Ĥamad Fawzi Faisal Ãl-Salami

PERSOENLICH! VERTRAULICH!

An die
Direktion des
JURA-MUSEUMS
Burgstrasse 19
Willibaldsburg

      <u>Betr.: Stiftung</u>

Sehr geehrte Damen und Herren:

    Mein Mann beschwert sich, dass sich die Souvenirs aus meiner Studenten-
zeit in Hamburg an der Freien Universitaet in unserem Palastkeller stapeln,
und er kaum mehr Platz fuer seine umfangreiche Sammlung von Rotwein (Chateau
Lafite) hat.
Im Orient sind die Sitten und Gebraeuche anders als hier. Ich muss nachgeben
- oder werde von der Palastwache sanft ausgepeitscht.

    Ich moechte daher dem JURA-MUSEUM folgendes, mir Liebgewordenes, stif-
ten, bevor mein Mann, er ist etwas jaehzornig, die Sachen in den Palast-Pool
wirft:

    * Meine Doktorarbeit "Die neuesten Erkenntnisse in der formativen Anwendung
      des Kreuzverhoeres bei Gewaltverbrechen unter Nichtbeachtung creativen
      Denkens"
    * Meine Anwaltsrobe (rosa Innenfutter aus Seide, ich machte seinerzeit da-
      mit Furore)
    * Mein Doktor-Hut mit extra breiter Krempe gegen die Sonne
    * Ein persoenlicher Liebesbrief von Melvin Mouron Belli, Amerika's be-
      ruehmtester Anwalt in Zivil-Schadensersatzprozessen, an mich anno 1970
    * Eine original Giftspritze aus der Todeszelle von Huntsville/ Texas
    * Ein Linolschnitt der Schwaebischen Jura (Aufsicht)

Bitte, lassen Sie mich wissen, ob ich Ihnen die Sammlung porto-frei zusenden
darf oder ob Sie einen persoenlichen Besuch wuenschen.

Mit freundlichen Gruessen,

Claire Al-Salami   17/11/97

Jura-Museum, Willibaldsburg, D-85072 Eichstätt, Germany

Frau
Claire Al-Salami

Ihre Zeichen	Bitte bei Antwort angeben	Tel.: (0 84 21) 29 56 - Fax: 8 96 09	Eichstätt, den	11.12.97
	2546 / III 2c			

Sehr geehrte Frau Al-Salami,

vielen Dank für Ihren Brief vom 17.11.1997.
Die Entscheidung fällt mir nicht leicht; denn die Verlockung den
Liebesbrief von Melvin Mouron Belli zu lesen oder mir mal Ihre An-
waltsrobe überzuwerfen ist doch recht groß, aber Ihre guten Dinge
wären im Jura-Museum in Eichstätt an der falschen Stelle. Leider hat
das Jura-Museum nichts mit Jurisprudenz zu tun. Hier sind Fossilien
aus der Jura-Zeit (gemeint ist das geologische Zeitalter zwischen
210-140 Mill. Jahre vor unserer Zeit), die in unserer Gegend gefunden worden, ausgestellt.
Vielleicht ist das Berliner Kriminalmuseum, (Gothaerstr.19, 10823
Berlin) an Ihren Souvenirs interessiert.

Trotzdem möchte ich es nicht versäumen, Sie zu einem Besuch nach
Eichstätt ins Jura-Museum einzuladen und verbleibe

mit freundlichen Grüßen

Dr. Günter Viohl
Hauptkonservator

Ḥafidh Aḥmad Muhammad Othman Abdullah Bin Abd
Ragi Faisal Ḥamad Fawzi Faisal Al-Salami

PERSOENLICH! VERTRAULICH!

An die
Geschaeftsleitung
HEXAL AG
83607 Holzkirchen
FAX: (08024) 90.82.90

Sehr geehrte Damen und Herren:

Mein Mann und ich haben uns in vielen Jahren und mit grosser Muehe und Akribie
einen beachtlichen Zoo aufgebaut. Zu seinem Bestand gehoeren:

Krokodile, Lefechzen, Schildplattraubkatzen, ein Puma, ein Nilpferd, Alligato-
ren, Meerkatzen, eine Boa, eine Klapperschlange, eine Anakonda und insgesamt
17 Affen. Mit dem Nilpferd haben wir ein Problem:
     Es leidet seit etwa neun Wochen an einer Entzuendung der oberen Luftwege
- unser Palasttierarzt versuchte es mit Rotlicht und Waermflasche - bisher ohne sichtlichen Erfolg. Der Husten ist einfach schrecklich!
Nun hoerten wir von Bekannten bei Hagenbeck, dass Acetylcystein eine erstaun-
liche Wirkung haben soll. Wir haben sofort in der Bastei-Apotheke nachgefragt.
Der nette Herr im weissen Kittel empfahl uns das von Ihrer Firma hergestellte
ACC AKUT 600.
Erleichtert Ihr Produkt wirklich das befreiende Abhusten? Entkrampfen sich durch
die Einnahme Ihres Hustensaftes die Atemwege?

     Wenn ja, was ich zu Allah hoffe: Koennten wir bei Ihnen eine groessere
Menge ACC AKUT bestellen, und wie koennte der Transport vor sich gehen? Liegt
Ihre Firma eventuell an einer Gueterzug-strecke, so dass wir einen Tankwagen
ordern koennen? Nach Ansicht unseres Palastarztes benoetigen wir naemlich in
jedem Fall 10,000 Liter Hustensaft, damit wir gleich mal Vorrat im Palast haben. Was kosten 10,000 Liter ACC AKUT? Haben Sie schon Erfahrungen mit Tieren?

     Ich wuerde mich freuen, umgehend von Ihnen zu hoeren! Freundliche Grues-
se!

Claire Al-Salami   2/12/97

HEXAL AG

Telefax

An:	Frau Claire Al-Salami
Anschrift:	
Fax:	

Von:	Dr. Stefan Glombitza
Firma:	HEXAL AG
Telefon:	08024/908476
Fax:	08024/91381

Datum:	16. Dezember 1997
Seiten einschließlich dieser Titelseite:	2

Anwendung von ACC® akut 600 bei Nilpferden
Ihr Fax

Sehr geehrte Frau Al-Salami,

vielen Dank für Ihr Interesse an unserem Arzneimittel ACC® akut 600. Wir fühlen mit Ihnen und gehen gerne auf die von Ihnen geschilderte Nilpferd-Problematik ein.

Ihr Apotheker hat Sie gut beraten. Mit der Anwendung von Acetylcystein, dem Wirkstoff von ACC® akut 600, bestehen bei Pferden und Hunden bereits vielfältige positive klinische Erfahrungen. Eine Anwendungsbeobachtung an Lefechzen sowie eine doppelblinde Multi-Zoo-Studie mit weiblichen Anakondas werden zur Zeit durchgeführt. Erste verwertbare Daten sind für September '98 angekündigt. Wegen der langen und meist kurvigen Abhuststrecke werden besonders die Ergebnisse der Anakonda-Versuche mit Spannung erwartet.

Bei ACC® akut 600 handelt es sich um Brausetabletten, die möglichst kurz vor der Einnahme aufgelöst werden sollten. Als speziellen Anwendungshinweis für den Palastpfleger empfiehlt es sich, Mengen über 1000 Liter wegen der enormen CO_2-Entwicklung nicht in geschlossenen Räumen zuzubereiten.

Als Dosierung hat sich bei Pferden eine Verabreichung von 10-20 mg Acetylcystein/kg Körpergewicht bewährt. Unter Berücksichtigung des Schwanz-Nasenloch-Koeffizienten dürfte somit für Ihr Nilpferd eine tägliche Gabe von 23,4 g Acetylcystein (entsprechend 39 Brausetabletten ACC® akut 600) pro Tag angemessen sein.

Während der Behandlung sollten Sie darauf achten, daß Ihr Nilpferd den durch ACC® gelösten Schleim nicht unter Wasser abhustet, da sonst Ihre Landtiere durch die enorme Wellenbildung gefährdet werden könnten. Zudem sollte der Patient während der Erkrankungszeit auf jeglichen Tabakkonsum verzichten.

Von Interesse könnte auch noch der Hinweis sein, daß die Inhaltsstoffe von ACC® akut nicht in der Dopingliste geführt werden. Die Teilnahme an Schwimm-, Tauch- und Turmspring-meisterschaften sollte daher für Ihr Nilpferd trotz medikamentöser Behandlung kein Problem darstellen - natürlich nur, wenn es das Krankheitsbild erlaubt.

Durch die beträchtliche Auswurf-Kapazität eines Nilpferdes besteht natürlich eine enorme Ansteckungsgefahr für die übrigen Tiere. Es empfiehlt sich aus diesem Grund eine gewisse Bevorratung an ACC® für Ihren Palastzoo, die wir uns erlaubt haben, für Sie zu disponieren.

Wir freuen uns, Ihnen mitteilen zu können, daß wir es ermöglichen konnten, Sie noch vor den Festtagen mit einer enormen Menge an ACC® akut-Brausetabletten zu beliefern. Wir bitten Sie, am kommenden Freitag, 19.12., zwischen 10 und 12 Uhr vormittags auf einen dunkelblauen 36-Tonner mit HEXAL-Logo zu achten und dem Fahrer bei Ankunft ein deutliches Handzeichen zu geben.

In diesem Zusammenhang möchten wir wegen der einfacheren Abwicklung die Bitte an Sie richten, einen sechsstelligen DM-Betrag in kleinen Scheinen bereit zuhalten. Sollte eine räumliche Umgestaltung Ihres Hoftores für die Anlieferung der Arzneimittel notwendig sein, bitten wir im Namen der Tiere um Ihr Verständnis.

Sollte sich aus unerfindlichen Gründen das Krankheitsbild Ihres Nilpferdes im Laufe der Behandlung nicht verbessern oder gar verschlechtern, empfehlen wir dringend eine erneute Untersuchung durch den Palasttierarzt. Schlimme Erkrankungen wie z. B. das gefürchtete schleichende Nilpferd-Amphibysem könnten sich hinter der anhaltenden Hustensymptomatik verbergen und beispielsweise eine antiparasitäre Therapie erforderlich machen.

Für die im Zusammenhang mit der Erkrankung eventuell auftretende Luftnot (zu Lande und zu Wasser) wäre die Anwendung unseres bronchialerweiternden Dosieraerosols SalbuNil® indiziert. Bei entsprechender Verordnung durch den Palasttierarzt steht Ihnen jederzeit unser Tiefkühl-Tanklastzug mit Wirkstoff-Suspension und Treibgas-Anhänger zur Verfügung. Ein Nilpferd-freundliches Mundstück zur Inhalation kann auf Wunsch gerne am Wagenende angebracht werden.

Wir freuen uns, wenn wir Ihnen mit diesen Informationen weiterhelfen konnten, und stehen Ihnen auch für weitere Anfragen gerne zur Verfügung.

Mit freundlichen Grüßen

HEXAL AG

Dr. Petra Schoettler

i. V.

Dr. Stefan Glembitza
Abteilung Medizin

Ḥafidh Aḥmad Muhammad Othman Abdullah
Bin Abd Nagi Faisal Hamad Fawzi Al Salami

Château des Cinglés – Dubai (U.A.E.)
Fax: (++1-801) 751-7857 - E-mail: sheikh_al_salami@hotmail.com

Herrn
General Manager Fred Hürst
Grand Hyatt Hotel Berlin
D-11171 Berlin
FAX: (0049-30) 2553-1235

Sehr geehrter Herr Hürst:

Scheich Al Salami plant seinen 70. Geburtstag im September 2001 in Berlin und beauftragte mich, Ihnen zu schreiben. Ich nehme doch an, Sie erinnern sich an, was er Ihnen seinerzeit bei Ihrem Treffen sagte: **„Sie sind ein Mann, der das Unmögliche möglich macht!"**

Ich zweifle nicht an seinen Worten und bitte um Ihre persönliche Antwort, ob Sie – ungeachtet aller Kosten, für die mein Mann natürlich im Voraus aufkommt – für die Geburtstagsfete arrangieren können:

Kulisse im Ballsaal: Römische Freßorgie wie zu Caesar's Zeiten (unsere etwa 180 Gäste **liegen** bei Tisch
Bereitstellung von drei Käfigen – die Löwen lassen wir einfliegen
Haben Sie einen Barmann, der einen „echten" Met mixen kann?
Können wir mit etwa 12 Jungfrauen rechnen, die Harfe spielen – natürlich im Stil der damaligen Zeit gekleidet?
Was empfehlen Sie als altrömisches Menue? Wieviele Gänge?

<u>Zur Unterbringung:</u>

Mein Mann benötigt eine Suite mit Verbindungstüren zu den Zimmern seiner sieben Nebenfrauen, damit er nachts ungestört fremdgehen kann – ist das möglich?

Scheich Al Salami ist sicher, er kann sich auf Ihre Diskretion verlassen und läßt Sie herzlich grüßen. Ich schließe mich an und erwarte Ihre baldige Fax-nachricht!

TELEFAX

Fred Hürst
Generaldirektor

Grand Hyatt Berlin
Marlene-Dietrich-Platz 2
10785 Berlin

Tel.: ++49-30-2553-1701
Fax: ++49-30-2553-1704

DATUM: 29. März 2001

AN: Frau Claire Al Salami   **FAX NO:**   001 801 751 7857

VON: Fred Hürst

BETR: Veranstaltung im Grand Hyatt Berlin

ANZAHL DER ÜBERTRAGENEN SEITEN __1__ INKLUSIVE DECKBLATT

Sehr geehrte Frau Al Salami,

vielen Dank für Ihr Fax vom 27. März 2001, das wir erhalten und zu Kenntnis genommen haben. Ich freue mich sehr, dass Sie uns Ihr Vertrauen entgegen bringen und wir werden Ihre Wünsche gerne erfüllen.

Wir fühlen uns sehr geehrt, dass Sheikh Al Salami unser Hotel für seine Geburtstagsfeier ausgewählt hat. Um mit den aufwendigen Vorbereitungen umgehend beginnen zu können, möchte ich Sie bitten, bis zum 8. April 2001 eine Vorauszahlung in Höhe von USD 150'000 zu leisten. Außerdem brauchen wir das genaue Datum, an welchem die Geburtstagsfeier stattfindet, um die Suiten und den Ballsaal entsprechend buchen zu können.

Sobald wir das Deposit erhalten haben, werden wir Ihnen umgehend ein detailliertes Angebot über das Menü und Rahmenprogramm zukommen lassen. Über weitere Wünsche, wie zum Beispiel eine Fütterung der Löwen (Lämmer oder schlechte Mitarbeiter) können wir uns zu einem späteren Zeitpunkt gerne persönlich unterhalten.

Mit freundlichen Grüßen

Fred Hürst

Ḥafidh Ahmad Muhammad Othman Abdullah Bin Abd
Ragi Faisal Hamad Fawzi Faisal Al-Salami

Herrn
Werner Michael Bahlsen
BAHLSEN KG
Podbielskistrasse 289
30655 Hannover

Fax: (0511) 960-2442

Sehr geehrter Herr Bahlsen:

mein Mann und ich haben ein grosses Problem und bitten herzlich und dringend um Ihren gut gemeinten Vorschlag zu einer akzeptablen Loesung:

Wir hatten alles fuer eine sehr wichtige Abendgesellschaft in unserer Villa in Gruenwald geplant - Beluga satt, russischen Krimsekt reichlich. Mit all dem dazugehoerenden Dekors. Schon bei der Auffahrt der Gaeste wurden sie von einem Eisbaeren (ein Student im Tierfell-kostuem) mit einem eiskalten Moskowskaya Vodka begruesst.

Alles waere praechtig gelaufen, wenn unser russisches Dienstmaedchen nicht auf das "Russische Brot" Ihrer geschaetzten Firma hereingefallen waere. Katschinka wurde naemlich von uns zum Brotholen geschickt, entdeckte bei Tengelmann die Tueten mit der Aufschrift "Russisch Brot" von Bahlsen und dachte natuerlich, es handele sich um die typischen Blinis, die man zusammen mit Kaviar serviert, in jedem Fall aber um Brot.

Sie koennen sich vorstellen, verehrter Herr Bahlsen, wie unsere Gaeste auf die Tatsache reagierten, zu echtem Kaviar suesses Knabbergebaeck verzehren zu muessen. Ihr Russisch Brot ist zwar Klasse, aber als Beigabe zum Beluga ein wenig "merkwuerdig". Im wahrsten Sinn des Wortes.

Ist es denn wirklich notwendig, Konsumenten mit Ihrem "russischen Brot" so aufs Glatteis zu fuehren? Wer, du liebe Datscha, ist denn bei Bahlsen auf die Idee gekommen, suesses Knabberzeug mit unserem herrlichen russischen Brot zu vergleichen?

Duerfen wir Ihnen die nicht verzehrten 80 Tueten, unaufgebrochen und unversehrt, zusenden und auf Erstattung der Kosten hoffen? Dass der kyrgisische Botschafter eine heftige Magenverstimmung bekam ist eine Tatsache, mit der mein Mann und ich leben muessen - hoffentlich werden wir jemals wieder von ihm eingeladen.

Mit freundlichem Gruessen

Claire Al-Salami

29/10/97

BAHLSEN KG

Frau
Claire Al-Salami

Hannover, 17.11.97
UL/PI, Cla/lue -

Sehr geehrte Frau Al-Salami,

vielen Dank für das freundliche Schreiben an Herrn Werner M. Bahlsen, der uns Ihre Unterlagen zuständigkeitshalber überlassen hat.

Es tut uns sehr leid, daß Ihr russisches Dienstmädchen unser Produkt "ABC" mit "Blinis" verwechselt hat. Heute möchten wir Sie aber darauf aufmerksam machen, daß wir unsere Konsumenten auf keinen Fall "aufs Glatteis führen" wollen, wie Sie es geschrieben haben.

Unser Produkt heißt "ABC - Russisch Brot" und nicht "Russisches Brot", welches in Ihrer Angelegenheit zur Verwechslung beitrug. Das Wort "Brot" ist in diesem Zusammenhang nicht Brot in unserem heutigen Sinne, sondern ein überlieferter sprachlicher Ausdruck aus dem 17. Jahrhundert. Damals bezeichnete man häufig mit Zucker hergestellte Backwaren als "Brot". Gern legen wir Ihnen auch die Geschichte des Produktes bei.

Man kann also unserem Unternehmen bei dieser Verwechslung keine Schuld zuweisen. Aus diesem Grunde müssen wir auch heute davon absehen, die ungeöffneten 80 Tüten gegen Erstattung zurückzunehmen.

Wir hoffen, Ihnen heute zumindest eine hilfreiche Erklärung gegeben zu haben und verbleiben

mit freundlichen Grüßen

BAHLSEN KG

Clarissa Wischermann
Leiterin Presse und Information

Ḥafidh Aḥmad Muhammad Othman Abdullah Bin Abd
Ragi Faisal Ḥamad Fawzi Faisal Al-Salami

PERSOENLICH! VERTRAULICH!

An die
Direktion
SERENGETI-SAFARI-PARK
Postfach 31
29693 Hodenhagen
Fax: (05164) 24.51

Sehr geehrte Damen und Herren:

Auf Grund einer boesen Verwechslung erstand unser russisches Dienstmaedchen aus der Ukraine fuer eine Kaviarparty in unserem schoenen Glashaus in Gruenwald 190 Tueten echt RUSSISCHES BROT der Firma BAHLSEN Hannover.

Kathinka hatte natuerlich an BLINIS gedacht, als sie die Aufschrift RUSSISCH BROT las. Na ja. Es blieben 80 unangebrochene Tueten uebrig und einige verkorkste Maegen. (In unseren Kreisen muss man essen, was auf den Tisch kommt, und selbst der kyrgisische Botschafter strich sich wild entschlossen teuren Sevruga-Kaviar auf die Zucker-buchstaben.)
Leider hat BAHLSEN KG mit Schreiben vom 18. 11. die Erstattung des Kaufpreises im Gegenzug der Ruecklieferung der 80 RUSSISCH-BROT-Tueten abgelehnt. Ich biete nun Ihnen diese Schlabberware als kleine Stiftung fuer Ihre Tiere an, jedenfalls fuer die, die suesses Zeug moegen, und darf hoeflich anfragen, ob ich in den naechsten drei Wochen bei Ihnen vorbeikommen kann, um das RUSSISCH BROT zu uebergeben. - An einer persoenlichen Fuetterung waere ich schon sehr interessiert!

Mit freundlichen Gruessen, in vorweihnachtlicher Feststimmung!

Claire Al-Salami   13/12/97

Serengeti Safaripark Hodenhagen GmbH

Am Tierpark 1 29593 Hodenhagen/ Deutschland

FAXMELDUNG

von

Dr. med. vet. Michael Böer, Zoologischer Direktor
Tel. : 05164 979921 , Fax : 05164 2451

Datum:14.12.97
an : Madame Claire Al-Salami

Sehr geehrte Madame Al-Salami,

gerne nehmen wir Ihnen das Russisch Brot für unsere Tiere ab. Selbstverständlich darf man diese Leckereien nur in kleinen Mengen verfüttern, da man sonst ähnlich wie beim Menschen auch "verkorkste Mägen" provoziert. Dennoch könnten wir Ihnen vielleicht den kleinen Spaß gönnen, und einmal ein paar unserer Tiere auch damit zu füttern.
   Um dieses vorzubereiten, bitte ich Sie, uns ein paar Tage vor Ihrem Besuch mitzuteilen, wann Sie hierher kommen.
   Ich darf Ihnen die Tage 19./22./29./30.12. vorschlagen.

Mit freundlichen Grüßen

Ħafidh Ahmad Muhammad Othman Abdullah Bin Abd
Ragi Faisal Ħamad Fawzi Faisal Al-Salami

PERSOENLICH! VERTRAULICH!

An die
Stadtverwaltung
STADT HAMELN
Rathausplatz 1
31785 Hameln
Fax: (05151) 20.25.69

Sehr geehrte Stadtverwaltung:

Mein Mann und ich sammeln interessante Denkmaeler, Grabsteine und historische
Dokumente.

Wir sind sehr interessiert, den RATTENFAENGER VON HAMELN zu kaufen. Die
finanziellen Mittel dafuer sind vorhanden. Bitte, machen Sie uns ein Angebot.
Der Verkauf dieses Monumentes wuerde dem Stadtsaeckel sicher gut bekommen.

Wir haben bereits TILL EULENSPIEGEL und die BREMER STADTMUSIKANTEN gekauft -
von auslaendischen Leckerbissen ganz abgesehen. Kuerzlich wollte uns ein ita-
lienisches Schlitzohr den SCHIEFEN TURM VON PISA andrehen, aber an derartigen
Scheingeschaeften sind wir nicht interessiert. Wir verhandeln jeweils nur mit
den Stadtverwaltungen und dem Buergermeister. Angebote von angeblichen Maklern
oder Vermittlern lehnen wir aus Prinzip ab.

Bitte, lassen Sie mich kurzfristig Ihre Konditionen wissen, damit wir
disponieren koennen. Natuerlich koennen Sie das Original Ihres RATTENFAENGERS
durch eine Kopie ersetzen, damit das Geschaeft absolut diskret ueber die Bueh-
ne geht!

In Erwartung Ihrer umgehenden Antwort - wir koennen jederzeit persoenlich vorbeikommen -

Claire Al-Salami   13/12/97

HAMELN MARKETING UND TOURISMUS GMBH I. GR.
POSTFACH 10 11 44 31761 HAMELN

Frau
Claire Al-Salami

HAMELN MARKETING UND
TOURISMUS GMBH I. GR.
- Tourist Information -
Deisterallee 3 (Am Bürgergarten)
31785 Hameln
Postfach 10 11 44, 31761 Hameln
Tel. 05151/ 20 26 17-8
Fax 05151/ 20 25 00

Az: 404 Wa/Be
Hameln, 13.01.1998

Ihr Schreiben vom 21.12.1997 sowie 08.01.1998

Sehr geehrte Frau Al-Salami,

die Stadtverwaltung hat uns Ihr Schreiben betreffend den Kauf des Rattenfängerbrunnens weitergeleitet. Wenngleich die Hameln Marketing und Tourismus GmbH nicht Eigentümerin des Brunnens ist, sind wir als Tochterunternehmen für die touristische Vermarktung zuständig.

Aus Ihrem Schreiben geht nicht hervor, ob Sie das Original kaufen möchten - was ich für wenig realistisch erachte - oder, ob Sie an einer Nachbildung Interesse hätte. Um ins Gespräch zu kommen, würde ich Sie bitten, zwecks Prüfung der Seriosität der Anfrage uns über den Kauf des „Till Eulenspiegel Denkmals" bzw. der „Bremer Stadtmusikanten" Herkunftsnachweise, Besitzurkunden, Kaufvertrag o.ä. vorzulegen.

Ich hoffe auf Ihr Verständnis für diese Bitte da wir verschiedentlich schon Scheinanfragen zu ähnlichen Sachverhalten hatten.

Mit freundlichen Grüßen

Harald Wanger
Geschäftsführer

Ḥafidh Ahmad Muhammad Othman Abdullah Bin Abd
Nagi Faisal Hamad Fawzi Faisal Al-Salami

<u>PERSOENLICH! VERTRAULICH!</u>

An die
Direktion
DEUTSCHE BAHN AG
Stephensonstrasse 1
60039 Frankfurt

FAX: (069) 9733-7500

<u>ERINNERUNG!</u>

Sehr geehrte Damen und Herren:

Mein Mann und ich fuhren vor wenigen Tagen in Ihrem herrlichen, bequemen Intercity "Rheingold" und hatten zu unserer grossen Freude ein ganzes Erster-Klasse-Abteil fuer uns.

Nachdem wir uns im Speisewagen der MITROPA eine Auswahl franzoesischer Weine genehmigt hatten, wurden wir so richtig vergnuegt, schlossen die Vorhaenge unseres Abteils, damit uns niemand zu stoeren wagte (das passierte auch nicht!) und....nun ja, wir wurden miteinander intim.

Alles verlief ganz nach Wunsch. Er kam, ich kam, und wir kamen auch puenktlich am Zielort an. Nur hat Faisal im Eifer des Gefechtes sein Brust-Toupet vergessen, bzw. liegengelassen. Es handelt sich um ein Original-Toupet der englischen Firma "Hairdoo for Real Men", ist ungefaehr 20x28 Zentimeter gross und besteht aus gekraeuseltem, echtem Menschenhaar, tiefschwarz!

Es hat ueber 1,800 englische Pfund gekostet, aber das ist nicht das Problem! Faisal's Brusthaar-Toupet hat fuer mich einfach einen sentimentalen, ganz persoenlichen Wert, so dass ich Sie ebenso herzlich wie aufrichtig bitten wuerde, mit dem Fundbuero der DEUTSCHE BAHN zu klaeren, ob es irgendwo abgegeben wurde.

Falls noetig wuerde ich die englische Herstellerfirma beauftragen, Ihnen ein Foto als Dokumentation und Beweis zukommen zu lassen. Saemtliche Ihnen entstehenden Kosten werden selbstverstaendlich erstattet.

Mein Mann und ich haben herrliche Stunden in Ihrem Intercity erlebt und waeren Ihnen zu aufrichtigem Dank verbunden, wenn Sie uns wissen lassen wuerden, was wir noch tun koennen, um das Brusthaar-Toupet wiederzufinden. - Dritte koennen damit wirklich nur sehr wenig anfangen! -

Mit verbindlichem Dank fuer Ihre Bemuehungen sowie freundlichen Gruessen!

Claire Al-Salami   10/11/97

Geschäftsbereich Personenbahnhöfe
Stephensonstraße 1
60326 Frankfurt (Main)

Frau
Claire Al - Salami

Ihre Zeichen/Ihre Nachricht vom	Unser Zeichen/Bearbeitung	Telefon/Fax/E-Mail	Datum
10.11.1997	PGE 2 Fr	(069) 9733-7254	25.11.1997
	Herr Fritsch	(069) 9733-7603	

Verlustsache

Sehr geehrte Frau Salami,

vielen Dank für Ihren Brief vom 10.11.1997 .

Um die Suche nach Ihrem verlorenen Gegenstand intensivieren zu können, bitten wir
Sie, den beiliegenden Nachforschungsauftrag auszufüllen und uns per Fax zurückzu-
senden.

Bereits vorab an unser zentrales Fundbüro gerichtete Anfragen sind bisher ergebnis-
los geblieben.

Mit freundlichen Grüßen

(Henkel)

Anlage:
1 Nachforschungsauftrag

Ḥafidh Aḥmad Muhammad Othman Abdullah Bin Abd
Ragi Faisal Ḥamad Fawzi Faisal Al-Salami

PERSOENLICH! VERTRAULICH!

An die
Medizinal-Leitung
VETERINAERMEDIZINISCHE FAKULTAET DER LUDWIG-MAXIMILIAN-UNIVERSITAET
Veterinaerstrasse 13
80539 Muenchen
Fax: 2180-2322

Sehr geehrte Damen und Herren:

    mit dem anliegenden Brief vom 14.11.97 wurde ich an Sie verwiesen und
bitte herzlich um Ihre moeglichst umgehende Antwort in dieser Angelegenheit:
Mein Mann, ich und James sind zur Zeit in Muenchen.
James entstammt als dressierter Seehund dem San Diego-"Sea-World", wo er viele
Jahre das Publikum mit seinen Darbietungen entzueckte. Wir konnten James des-
halb so preisguenstig erwerben, weil er sich eine langwierige Halsentzuendung
zuzog, die nicht ausheilen wollte. Es war zuletzt so, dass er gerade in dem
Augenblick, wo er zum Beispiel einen ihm zugeworfenen Wasserball mit seiner
Schnauze auffangen sollte, zu husten anfing - und natuerlich patzte.

    Verordnetes Gurgeln mit ODOL Mundwasser, Einpinseln des Rachenraumes mit
Menthelloesung hat nur kurzfristig geholfen. Natuerlich hat auch James' Stimme
gelitten, er hatte einen wunderbaren Bass, der jetzt eher kratzig klingt.
Nun soll es bei Ihnen einen Spezialisten geben, der ein neues Verfahren anwen-
det: Es handelt sich wohl um eine Art Rotlicht-Laserkanone, mit der die Bron-
chien beschossen werden. Da mir das Wohlergehen meines James sehr am Herzen
liegt, bitte ich um Ihre Auskunft, wann ich mit James bei Ihnen vorbeischauen
kann, damit Sie ihn sich mal ansehen. Einer sofortigen Einweisung in Ihr Hos-
pital steht nichts dagegen. Wir haben James gegen Krankheit und Tod bei Lloyds
in London gut versichert.

In der Hoffnung auf Ihre baldige Antwort!
Mit besten Gruessen,

Claire Al-Salami

Münchener Tierpark Hellabrunn AG, Tierparkstr. 30, D-81543 München

Frau
Claire Al-Salami

München, den 27. November 1997, Wie/lg
Telefon +49-89-6250816 - Fax -6250852
e-mail: MunichZoo@compuserve.com

Sehr geehrte Frau Al-Salami,

Ihr Schreiben vom 19.11.97 wurde uns vor Institut für Zoologie übermittelt. Bei uns in Hellabrunn sind bis heute mit diesem Krankheitssymptom keine Erfahrungen gemacht worden und auch der Einsatz von Laserstrahlen bei dieser Symptomatik ist uns unbekannt. Erfahrungsgemäß kann man mit Laserstrahlen oberflächliche Hautveränderungen recht gut in den Griff bekommen. Wichtig wäre, daß man an eine Rachentupferprobe von „James" herankommen könnte, um diese virologisch und bakteriologisch zu untersuchen. Sie können mich deswegen gerne einmal anrufen.

Mit freundlichen Grüßen

Prof. Dr. H. Wiesner

Ḥafidh Aḥmad Muhammad Othman Abdullah Bin Abd
Ragi Faisal Ḥamad Fawzi Faisal Al-Salami

<u>PERSOENLICH! VERTRAULICH!</u>

An die
Geschaeftsleitung
DEUTSCHE GRAMMOPHON GmbH
Alte Rabenstrasse 2
20148 Hamburg

        Sehr geehrte Damen und Herren:

Sie muessen mir, bitte, helfen!

        Fuer das kommende Fest moechte ich meinem Mann unbedingt ein <u>deutsches
Grammophon</u> schenken. Am liebsten das aus den alten Tagen, wo der arme, einsame
<u>Hund</u> vor dem Grammophontrichter sitzt und der Stimme seines Herrn lauscht.

Ist so ein <u>deutsches Grammophon</u> von Ihnen im Direktversand zu beziehen, und
was kostet es plus Verpackung und Versand?

        Natuerlich habe es auch schon auf Flohmaerkten versucht, was bei uns in
Dubai schwierig ist, weil es die nur sehr selten gibt. Und dann handelte es
sich meistens um <u>auslaendische</u> Grammophone, also nicht um ein <u>deutsches</u>. Ich
moechte meinem Mann deshalb ein <u>deutsches Grammophon</u> schenken, weil ich an den
Begriff MADE IN GERMANY glaube.

Gibt es bei Ihnen vielleicht sogar eine Kopie des <u>deutschen Grammophones</u> mit
dem Hund davor? (Um was fuer eine Rasse handelt es sich eigentlich???)

        Im Notfall fliege ich auch mit unserem Jet nach Hamburg und hole es bei
Ihnen direkt ab. Es muss bloss schnell gehen, weil ich meinem Mann versprochen
habe, im Dezember wieder in Dubai zu sein.

Gibt es bei Ihnen auch alte <u>deutsche Grammophon</u>-Platten zu kaufen. Koennen Sie
mir einen Katalog schicken oder zu-faxen?

        In der Hoffnung auf Ihre rasche Antwort und mit besten Gruessen!

Claire Al-Salami   17/11/97

DEUTSCHE GRAMMOPHON GESELLSCHAFT мвн

HAMBURG

Alte Rabenstraße 2 · P.O. Box 13 02 66 · D-20102 Hamburg
Phone (040) 44 181 (0)   · Telex 21 243 4 · Telefax (040) 44 181 188 · 44 181 203 · 44 181 166

:AX
  Claire Al-Salami

Date: 3. Dezember 1997

From: Alan Newcombe

Total Pages: 1

Grammophon

Sehr geehrte Frau Al-Salami,

danke für Ihr Fax vom 2. 12. 97.

Leider besitzen und vertreiben wir keine Grammophone, nur CDs. Sie könnten z.B. bei International Sound Archive, Kevork Marouchian, P.O. Box 86 04 08, 81631 MÜNCHEN, Tel. 089 957 76 19, Fax 089 929 52 72 Ihr Glück versuchen. Sonst könnten Sie in einer Fachzeitschrift wie "Fono Forum" inserieren, aber vor Weihnachten werden Sie wohl keinen Erfolg mehr haben.

Mit freundlichen Grüßen,

DEUTSCHE GRAMMOPHON GESELLSCHAFT mbH
- Product Management -

Alan Newcombe

Hafidh Ahmad Muhammad Othman Abdullah
Bin Abd Nagi Faisal Hamad Jawzi Al Salami

Château des Cinglés – Dubai (U.A.E.)
Fax: (++1-801) 751-7857 - E-mail: sheikh_al_salami@hotmail.com

PERSÖNLICH UND SEHR VERTRAULICH!

Gunilla Gräfin von Bismarck
SP-Marbella
Fax: (0034-52) 829-407

Liebe Gräfin:

Ich sitze allein in meiner Wohnung am Central Park und bin einsam. Mein Mann Hafidh ist vor wenigen Wochen von mir gegangen – der Tod kam unerwartet, aber er mußte wenigstens nicht leiden. Für mich ist das tröstlich. Meine Tränen versiegen jetzt langsam.
In dieser schweren Zeit sind die Erinnerungen an die schönen Feste bei Ihnen an der Costa del Sol ein Grund, nicht zu verzweifeln und nicht zu vergessen, daß es ein Morgen gibt. Ich danke Ihnen dafür!
Aber was sind Worte, wenn es Taten gibt, die begangen werden können? Mein Mann hinterließ mir ein stattliches Vermögen, und ich bin zu alt, um das Geld, das ich jetzt mein eigen nenne, allein ausgeben zu können. Andererseits bin ich nicht die Frau, die Millionen ihrer Katze vererbt (ich habe auch keine, weil ich gegen Katzenhaare allergisch bin) oder es dem Stadtsäckel überläßt. Ich möchte den Menschen Freude bereiten, denen ich schöne Stunden in meinem Leben verdanke. Sie gehören ganz sicher dazu! Bitte, erlauben Sie mir daher, Sie zu fragen, ob Sie mein persönliches Geschenk annehmen. Ich möchte Ihnen aus dem ererbten Vermögen von Sheikh Hafid Al Salami eine Million Euro hinterlassen. Sie würden mich glücklich machen, wenn Sie Ja sagen würden. Vielleicht können wir ja mit einem Glas Champagner auf bessere Tage anstoßen! Bitte, lassen Sie mich wissen, ob und wohin ich Ihnen den Privatjet schicken kann, um Sie zur Übergabe des Geldes nach New York und wieder zurück fliegen zu lassen! In tiefer Dankbarkeit für die Zeit, in der ich mein Leid dank Ihrer vergessen durfte!
Ihre

Date — FECHA
Report to — COMUNICADO PARA
Fax Nr. — FAX N.º
Attention to — A LA ATENCION DE
Job Tittle — CARGO
Subject — OBJETO
Nr. of pages — N.º PAGINAS

Your contact — CONTACTAR CON
Company — EMPRESA

If you cannot read this message, please call: (Tel.) — EN CASO DE TRANSMISION INCORRECTA, LLAMAR AL TEL.

An Claire

von Bonilla

Château des Fass

Liebe Claire!

Der Tod des großen Sheikh von Salauri hat mich sehr getroffen. Ich fühle von ganzem Herzen mit Ihnen.

Gott sei Dank mag ich auch keine Katzen, sondern eher Schweine und Hunde. Ich leide mit Ihnen, ich hoffe nur, daß Sie sehr bald ihr Privatflugzeug mit allen ihren Freunden füllen und nach Marbella jetten, um die vergangenen schönen Zeiten wieder aufleben zu lassen! Wäre das nicht schön? Aber bitte keine Katzen mitnehmen!

Viele Grüße und mein Beileid

Ḥafidh Ahmad Muhammad Othman Abdullah Bin Abd
Ragi Faisal Ḥamad Fawzi Faisal Al-Salami

<u>PERSOENLICH! VERTRAULICH!</u>

An die
Geschaeftsleitung der
TSCHIBO HOLDING AG
Ueberseering 18
22297 Hamburg

Sehr geehrte Damen und Herren:

Mein Mann bat mich telefonisch aus New York, Ihnen in folgender Angelegenheit zu schreiben:

Die Entwicklungsgruppe "Neue Produkte" - ein ambitioniertes Forschungsprojekt meines Mannes - hat erfolgreich ein neues, <u>vollkommen unschaedliches</u> Bleichmittel entwickelt, das wir seit Monaten in unserem Palast testen:

Das absolut <u>geschmacks-neutrale</u> Pulver wird unserem TSCHIBO-Kaffee zugesetzt und verhindert <u>100-prozentig</u> und <u>garantiert</u> das laestige Dunkelwerden der Zaehne, das normalerweise bei haeufigem Kaffeegenuss eintritt.

Zaehneputzen ist fuer uns und unsere 111 Angestellten heute nur noch eine Frage der **Hygiene**, nicht der **Kosmetik!** Uebrigens wirkt unser Pulver auch bei kuenstlichen Gebissen und "dritten Zaehnen".

Mein Mann laesst anfragen, ob TSCHIBO interessiert ist, die Details der Erfindung und Entdeckung uebermittelt zu bekommen, <u>bevor wir sie den Medien bekannt machen.</u> Eine entsprechende Werbeaussage

"Ab heute koennen Sie so viel TSCHIBO trinken, wie Sie wollen. Dank WEG-MIT-DEM-FLECK!"

wuerde den Konsumenten sicherlich aufhorchen lassen und Ihrer Konkurrenz arge Kopfschmerzen bereiten.

Ich wuerde mich freuen, von Ihnen zu hoeren!
Mit besten Gruessen,

Claire Al-Salami   17/11/97

Frau
Claire Al-Salami

Hamburg, den 12.12.1997

Sehr geehrte Frau Al-Salami,

zunächst möchten wir uns bei Ihnen für die verspätete Beantwortung Ihres Schreibens entschuldigen. Aufgrund der Urlaubszeit sind wir mit der Bearbeitung der Kundenpost etwas in Verzug geraten.

Wir danken Ihnen für Ihr Interesse am Produkt Kaffee und dem Angebot, unserem Unternehmen wertvolle Unterstützung zu bieten.

Doch leider kommen Sie mit Ihrer Entdeckung viele Jahre zu spät. Tchibo ist es gelungen, ein Produkt zu entwickeln, daß die Zähne von Natur aus nicht verfärbt.

Doch auch unsere Forschungs- und entwicklungsabteilung ist damals fast daran verzweifelt. Sie können sich nicht vorstellen, wieviele Tests wir durchgeführt haben! Wir möchten uns gar nicht mehr in Erinnerung rufen, auf welche Widerstände wir bei den Testpersonen gestoßen sind. Besonders unangenehm wurde die Angelegenheit, als die Tests das gewünschte Ergebnis nicht erbrachten, sondern die Zähne unserer Testpersonen monatelang dunkel - fast schwarz - waren!

Doch haben wir es dann endlich geschafft! Seit Jahren können die Verbraucher auf zusätzliche "Weißmacher" bei dem Genuß von Tchibo Kaffee verzichten. Es versteht sich, daß wir Ihnen das Geheimnis unseres Erfolges nicht verraten werden, doch möchten wir Ihrem Mann einen kleinen Hinweis für seinen Forschungsauftrag geben:

Von der Verwendung eines Bleichmittels sollte er besser Abstand nehmen. Nach unseren Erfahrungen besteht die Möglichkeit, daß sich auch das Kaffeepulver durch diese chemische Substanz verfärbt und ebenfalls fast weiß wird. Wir sind darauf gestoßen, als uns verzweifelte Mütter anriefen. Sie hatten das Kaffeemehl in eine Dose umgefüllt und in den Lebensmittelschrank gestellt. Das Kaffeemehl verfärbte sich durch die Verbindung mit Sauerstoff in wenigen Minuten und so verwechselten diese Frauen den Kaffee mit dem Milchpulver für die Kinder. Größere Schäden sind selbstverständlich nicht entstanden, die Kinder haben sich der ihres Lebensalters entsprechenden Entwicklungsstufe weiterentwickelt, doch war die Aufregung schon sehr groß.

TCHIBO FRISCH-RÖST-KAFFEE GMBH · ÜBERSEERING 18   22297 HAMBURG · TEL. (040) 63 87-0 · FAX (040) 63 87-26 00

Daher, sehr verehrte Frau Al-Salami, möchten wir von Ihrer angebotenen Erfindung keinen Gebrauch machen.

Ihnen empfehlen wir, für sich und die Angestellten Ihres Palastes zukünftig gleich den richtigen Kaffee zu verwenden. Bitte achten Sie darauf, daß nur da, wo Tchibo draufsteht, auch Tchibo drin ist.

Weiterhin viel Erfolg für Ihre zukünftigen außergewöhnlichen Erfindungen

wünscht Ihnen

mit freundlichen Grüßen

Tchibo Frisch-Röst-Kaffee GmbH
Kundenkommunikation

Michaela Frentrop

Ḥafidh Aḥmad Muhammad Othman Abdullah Bin Abd
Nagi Faisal Ḥamad Fawzi Faisal Al-Salami

<u>PERSOENLICH! VERTRAULICH!</u>

An die
Direktion
EURO-MED-CLINIC
Interdisziplinaer-belegaerztliche Privatklinik
fuer Patienten aus aller Welt
Europea-Allee 1
90763 Fuerth

        Sehr geehrte Direktion:

Mein Mann, unser Rennpferd und ich sind vor wenigen Tagen in Frankfurt einge-
flogen. Durch gute Freunde im Nuernberger Raum wurden wir auf Ihre Klinik aufmerksam. Inbesondere sind wir von der Tatsache angetan, dass Sie anscheinend
ueber Fachaerzte verfuegen, die sich mit <u>Augenlaser-Medizin</u> auskennen.

        Die letzten beiden Rennen hat unser Hengst (sein Name ist Sadam) wohl
nur deswegen verloren, weil er eine Huerde und spaeter einen Teich zu spaet
sah. Unser Tierarzt in Al Sharjah stellte eine Netzhautverkruemmung fest, die
nur durch eine ambulante Laseroperation beseitig werden kann.

Bitte, geben Sie mir moeglichst <u>umgehend</u> einen Termin bekannt, damit wir SADAM
zu einer eingehenden Untersuchung zu Ihnen bringen koennen. Wir wuerden auch
gerne einen OP-Termin festmachen, da unser Hengst bereits im Dezember wieder
auf der Piste sein muss. (Die Wetten stehen 1:10, dass er <u>nicht</u> siegt. Sie
werden verstehen, dass sein Sieg einen unglaublichen Gewinn verspricht. Wir
wollen eine halbe Million US$ setzen.)

        Sind Sie einverstanden, dass rtl, SAT 1 und PRO 7 eine aktuelle Reporta-
ge bei Ihnen in der Klinik dreht, wenn SADAM operiert wird? Wie lange muss der
Hengst in Fuerth bleiben? (Nachuntersuchung usw.)

Fuer kurzfristige Antwort und Terminbestimmung waere ich verbunden!
Mit freundlichen Gruessen,

Claire Al-Salami   7/11/97

EURO-MED-CLINIC®

Interdisziplinär-belegärztliche Privatklinik
interdisciplinary private clinic with independent physicians

EURO-MED-CLINIC · Europa-Allee 1 · 90763 Fürth

Frau Claire Al-Salami,
Herrn Hafidh Ahmad Muhammad
Othman Abdullah Bin Abd Nagi
Faisal Hamad Fawzi Faisal
Al-Salami

Fürth, 13. November 1997
sc/cz

Sehr geehrte Frau Al-Salami,
Sehr geehrter Herr Hafidh Ahmad Muhammad Othman Abdullah Bin Abd Nagi Faisal
Hamad Fawzi Faisal Al-Salami,

zunächst dürfen wir uns für Ihr freundliches Schreiben vom 7.11.1997 bedanken.
Ohne der Antwort der Fachabteilung, der wir Ihr Schreiben zuleiten, vorgreifen zu
wollen, möchten wir doch vorab kursorisch auf Ihren Brief Bezug nehmen.

Wir sind außerordentlich traurig, fast betroffen, daß Sadam den in ihn gesetzten
tierischen Erwartungen, auch hinsichtlich der Wirtschaftlichkeit, nicht gerecht werden
konnte, weil er an einem Augenleiden leidet. Gottseidank liegt in diesem Fall die
gesicherte Diagnose vor, so daß einer ambulanten Laseroperation eigentlich nichts
entgegen stehen würde.

Bedauerlicherweise befindet sich jedoch unser Neubau für die ophthalmologische
Behandlung höchst sensibler Araberhengste derzeit noch in der Planungsphase, so
daß wir uns noch nicht in der Lage sehen, einen exakten Termin für die anstehende
OP in Aussicht stellen zu können.

Es mag Sie jedoch bei aller Sorge um Ihren Liebling trösten, daß eine
Netzhautverkrümmung selbst für Menschen keine Indikation für eine Akut-OP
darstellt, so daß Sie vor diesem Hintergrund möglicherweise sich mit einer späteren
Terminvereinbarung in 2001 – dem wahrscheinlichen Jahr der Fertigstellung des
Neubaus - begnügen können.

Dem widerspricht allerdings Ihr Wunsch nach einer zeitnahen Versorgung, da auf Sadam reizvolle Verpflichtungen zukommen (Sie wissen ja, der Renntermin im Dezember!). Vor dem Hintergrund der horrenden, aber leistungsgerechten Gewinnerwartung würde ich mir allerdings in Ihrem Falle durch den Kopf gehen lassen, nicht eventuell doch eine andere renommierte Institution, etwa die mit allen Rafinessen ausgestattete Schwarzwald-Klinik zu kontaktieren. Die Schwarzwaldklinik zeichnet sich durch einen exquisiten Boxenservice mit dreimaligem Einstreuwechsel pro Tag aus. Dort ist Schwester Stefanie Ihr Ansprechpartner für alle Fälle.

Vor dem Hintergrund, daß RTL, SAT 1 und PRO 7 eine Live-Übertragung der Sadam-OP geplant haben, sind wir natürlich erst recht außerordentlich betrübt, Ihrem Terminwunsch nicht unmittelbar entsprechen zu können. Dies wäre eine willkommene PR gewesen. Stellen Sie sich doch nur die Bild-headline vor: „Durchblick mit Hilfe des Lasers: Sadam in Fürth operiert!" Nicht auszudenken.

Sehr geehrter Herr Hafidh Ahmad Muhammad Othman Abdullah Bin Abd Nagi Faisal Hamad Fawzi Faisal Al-Salami, sehr geehrte gnädige Frau Claire - ich darf Sie doch so nennen? - Sie entnehmen meinem Schreiben, daß ich es zutiefst bedaure, daß wir derzeit keinen medizinischen Beitrag dazu leisten können, um 5.000.000 US $ mit unserer Hilfe durch einen tadellos operierten und rehabilitierten Sadam einspielen können.

Hätten wir von dieser Herausforderung eher Kenntnis erhalten, hätten wir die bevorstehenden Eröffnungen unserer kieferchirurgischen Abteilungen für Kaimane, der Orthopädie der Paarzeh-Hufer sowie der ästhetischen Chirurgie für Hängebauchschweine zurückgestellt um der Ophthalmologie für Hengste die ihr zustehende zeitliche Priorität einzuräumen.

In der Hoffnung, daß Sie wenigstens etwas Verständnis für unsere unbefriedigende Antwort aufbringen, verbleiben wir tiefbetrübt

mit allerbesten Grüßen

Jochen Schreier

EURO-MED-CLINIC
Geschäftsführung

Ḥafidh Aḥmad ꝳuhammad Othman Abdullah Bin Abd
ꝶagi Faisal Ḥamad Fawzi Faisal Al-Salami

<u>PERSOENLICH! VERTRAULICH!</u>

An den
Vorsitzenden der
ARBEITSGEMEINSCHAFT SELBSTAENDIGER UNTERNEHMER
Mainzer Strasse 238
53179 Bonn

Sehr geehrter Herr Vorsitzender:

Ich moechte meinen Sohn Angelo als Mitglied in Ihrem Verband/ Verein (?) anmelden und bitte herzlich um die entsprechenden Formulare und Konditionen.

Angelo (22) arbeitet sehr erfolgreich und absolut selbstaendig als Call-
boy. Er hat ein Appartement (steuerlich absetzbar, da Arbeitstaette!), verfuegt
ueber zwei Handys, ist also allzeit erreichbar, und zahlt natuerlich auch eine
entsprechend hohe Einkommenssteuer.

Stellt Ihre Arbeitsgemeinschaft Mitgliederausweise zur Verfuegung?
Einen Einkaufsausweis bei C&C oder fuer andere Grossmaerkte?

(Mein Sohn arbeitet ausschliesslich mit Kondomen, das geht natuerlich ins Geld
- Grosseinkaeufe scheinen also mehr als angebracht!)

Was sind die Vorteile einer Mitgliedsschaft bei Ihnen?
Verfuegen Sie ueber ein Mitgliedsverzeichnis anch Berufen geordnet, so
dass sich Angelo mit anderen selbstaendigen Unternehmern seiner Branche
ins Benehmen setzen kann?

Ich hoffe sehr, dass Sie meine Anfrage ernst nehmen und diskret behandeln, und
dass Sie keinerlei Vorurteile gegen einen Berufsstand haben, der im wahrsten
Sinn des Wortes Standhaftigkeit verlangt.

Mit freundlichen Gruessen!

Claire Al-Salami   6/11/97

FAX

Arbeitsgemeinschaft
Selbständiger
Unternehmer e.V.

ASU

**Die
Unternehmer**

Von	Indra Sarkar **Geschäftsführung** **Marketing und** **Organisation** **ASU**-Arbeitsgemeinschaft Selbständiger Unternehmer

Mainzer Straße 238
53179 Bonn

Telefon	**0228- 9 54 59-37**
Fax	**0228- 9 54 59-90**
e-mail	**asuweb@t-online.de**
Internet	**http://www.asu.de**

Seiten incl. Deckblatt: **1**

Datum: **25.11.1997**

An: **Frau Claire Al-Salami**
Fax:

Sehr geehrte Frau Al-Salami,

vielen Dank für Ihr Schreiben.

Bedauerlicherweise kann ich zu keiner Ihrer Fragen positiv antworten:
Mitgliederausweise/Einkaufsausweise stellt die ASU nicht zur Verfügung.
Ebenso versenden wir auch keine Mitgliederverzeichnisse.

Für eine Mitgliedschaft ist die Erfüllung der folgenden Kriterien unabdinglich:
Die betreffende Person muß geschäftsführender Gesellschafter sein, 10 Festangestellte, 2 Mio. DM
Umsatz pro Jahr, einen Registereintrag und zwei ASU Bürgen vorweisen können.
Ich gehe davon aus, daß in Ihrem Fall (bzw. im Falle Ihres Sohnes) nicht alle oder keines der Kriterien
erfüllt sind.
Daher kommt eine Mitgliedschaft in unserem Verband nicht in Betracht.

Mit freundlichen Grüßen,

Ḥafidh Aḥmad Ṃuhammad Ọthman Ảbdullah Ḅin Ảbd
Ṇagi Ḟaisal Ḥamad Ḟawzi Ḟaisal Aʾl-Ṣalami

<u>PERSOENLICH! VERTRAULICH!</u>

An die
Direktion der
Porzellan-Manufaktur Nymphenburg
Noerdliches Schlossrondell 8
80638 Muenchen

Sehr geehrte Damen und Herren:

Mein Mann und ich bewundern und verehren seit vielen Jahrzehnten die zerbrech-
lichen Kostbarkeiten, die aus Ihrem Haus kommen. In unserem Zeughaus in Ryadh
speisen unsere Gaeste von einem bei Ihnen hergestellten "Koenigsservice", das
mein Mann bei seinem letzten Staatsbesuch in Thailand im Winterpalast des Koe-
nigs in Chiang-Mai so gut gefiel, dass Seine Majestaet nicht anders konnte,
als es ihm zu "schenken".
Ich wollte diese noble Geste ja gar nicht annehmen. Aber mein Mann hat leider
ein recht einnehmendes Wesen. Zumal er hoerte, dass es sich bei diesem Service
um eine Ihrer Spezialitaeten handelt, die fuer nicht unter DM 80,000 zu haben
sind. Stimmt denn das? Wenn ja, denke ich naemlich wirklich daran, das teure
Service zurueckzugeben.

Doch nun zum Grund meines Schreibens an Sie:
Wir besitzen in Kyrgisztan eine eigene Jagd. Zu dem reichhaltigen Tierangebot
gehoeren vor allem Elche, aber auch Hunderttausende von Mardern und Eichhoern-
chen, die sich wegen der besonderen Fuersorge unseres Foersters Puschkin
immens vermehrt haben. Im Januar 1998 werden 20,000 Marder und 66,000 Eich-
hoernchen zum Abschuss freigegeben. Bitte, lassen Sie mich wissen, ob Sie interessiert sind, an der Jagd teilzunehmen. Ich weiss naemlich, dass die Maler-
kuenstler Ihres geschaetzten Hauses mit Pinseln aus den Haaren dieser Tiere
arbeiten. Das froehliche Halali wird auf dem Ruecken speziell trainierter
Schlittenhunde ausgetragen, Sie brauchen also kein erfahrener Reiter zu sein
wie bei der Hasenjagd in Schottland!

Ich wuerde mich freuen, von Ihnen zu hoeren, und gruesse Sie mit dem
Wahlspruch unseres gelobten Kurfuersten Max III. Joseph: "Die Form hat nobel
zu sein!"

Mit freundlichen Gruessen,

Claire Al-Salami   17/11/97

Frau
Claire Al-Salami

München, 10. Dezember 1997
Mal/ sb

Sehr geehrte Frau Al-Salami,

ersteinmal möchten wir uns ganz herzlich für Ihren Brief und die Einladung auf Ihre Jagd in Kyrgistan bedanken und uns für die verspätete Antwort entschuldigen.

Bezugnehmend auf Ihr erstes Anliegen, das Königsservice, kann ich Ihnen heute leider noch keine genaueren Auskünfte geben, da uns dazu noch näheren Angaben fehlen. Deswegen haben wir Ihnen anbei ein Prospektblatt beigelegt von dem Service, von dem wir annehmen, daß es sich um das Ihrige handelt.

Bayerisches Königsservice N° 627

Falls es sich um Ihr Service handelt, müßten wir noch eine genaue Beschreibung der verschiedenen Teile, sowie die Anzahl erhalten.
Daraufhin können wir Ihnen den heutigen Marktwert erstellen, den geschätzten Sammlerwert, da es sich allem Anschein nach um ein älteres Stück handelt, können wir Ihnen jedoch leider nicht nennen.

Ihre Einladung auf Ihre Jagd im kommenden Januar haben wir mit großer Freude gelesen und können Ihnen in der Tat bestätigen, daß der Großteil unserer verwendeten Pinsel von sibirischen Mardern stammen.
Leider können wir an der Jagd nicht teilnehmen, bedanken uns jedoch nochmals ganz herzlich für Ihre Einladung.

Mit freundlichen Grüßen

Porzellan-Manufaktur Nymphenburg

Hafidh Ahmad Muhammad Othman Abdullah
Bin Abd Nagi Faisal Hamad Jawzi Al Salami
Château des Cinglés – Dubai (U.A.E.)
Fax: (++1-801) 751-7857 - E-mail: sheikh_al_salami@hotmail.com

PERSÖNLICH UND SEHR VERTRAULICH!
Herrn
Rudi Carrell
Fax: (0049-4240) 15.59

Lieber Rudi:

Ich hoffe, Sie erinnern sich noch an unser Treffen vor vielen Jahren in Marbella. *Ich meinte ja damals schon, Sie würden irgendwann die Nase* voll haben von Sonne, Bier und vom Faulenzen – und ich hatte recht.

Ich las irgendwo, daß Sie soeben wieder heirateten. Meine ehrlichen Glückwunsche, Sie haben Mut, und das imponiert mir genauso wie Hafidh – vielleicht freuen Sie sich ja über das, was ich Ihnen jetzt schreibe. Mein Mann hat Ihnen nämlich in seinem Testament, vor eine Woche hier in New York eröffnet, zwei seiner geliebten Rennpferde vermacht!

Halalia und Tremolo warten darauf, abgeholt zu werden. **Können Sie überhaupt reiten?** Die schönen Tiere zu verkaufen wäre ein Jammer – es gibt in Boston einen Interessenten, aber der gute Mann will die beiden Pferde in das Schikanerennen in Japan geben – es würde meinem Mann das Herz brechen! Er bietet mir, das heißt Ihnen je 100,000 Mark für die beiden, ich finde aber, dieses Geld **STINKT**! Bleibt die Frage:

Können/ wollen Sie nach USA kommen, um die Pferde zu übernehmen? Soll ich sie per Luftfracht nach Holstein schicken – die Kosten übernehme ich natürlich?

Ich freue mich auf Ihre rasche Antwort und ein baldiges Wiedersehen! Unbekannte Grüße an die neue Gattin!
Ihre

Claire Al Salami
Donnerstag, 5. April 2001

BÜRO:
HEISTERORT 11
28857 SYKE-WACHENDO
TELEFON (0 42 40)
TELEFAX (0 42 40)

Wachendorf, 27-6-01

An die Erben von Sheikh al Salami,
Per Telefax 001 801 751 7857

Hiermit erkläre ich, daß ich die Erbschaft von 2 Pferden
ausschlage und nicht annehmen kann.

Mit freundlichem Gruß,

RUDI CARRELL

Ḥafidh Aḥmad Muhammad Othman Abdullah Bin Abd
Ragi Faisal Ḥamad Fawzi Faisal Al-Salami

<u>PERSOENLICH! VERTRAULICH!</u>

An die
Geschaeftsleitung
ADIDAS AG
Adi-Dassler-Strasse 1-2
91074 Herzogenaurach

Sehr geehrte Damen und Herren:

Seit Adi Dassler, Schuster der Nation, auf Bestellung und ganz persoenlich auf
die Wuensche seiner Kunden einging und fuer viele Persoenlichkeiten Massschuhe
anfertigte, ist mir Ihre Firma ein Beispiel fuer Professionalismus, Kundenpfle-
ge und Individualitaet.

Falsches Schuhwerk sorgt nicht nur bei vielen Sportlern fuer Probleme,
ich denke da zum Beispiel an Ueberpronation, das Nachinnenkippen des Fusses,
und da bin ich auch schon beim Thema:

Die Lieblingsstute meines Mannes, Halalia, leidet an einer akuten Ueberdehnung
der Baender und Sehnen des rechten Vorderhufes und der Huefte. Alle konsul-
tierten Veterinaere in Asien, den USA und Europa aeusserten sich ausnahmslos
einstimming und diagnostizierten: Falsche Belastung der Baender, Muskeln und
Huefte.

Mein Mann moechte mit Halalia (Araberstute, 4 Jahre alt, erfolgreich auf
internationalen Rennen) bei Ihnen in Herzogenaurach vorbeikommen und mit Ihren ausgezeichneten Fusswerkern die Anfertigung fuer zwei Paar Laufschuhe nach
Mass fuer sein Lieblingspferd besprechen. Dabei denken wir etwa an ein Modell
mit

* anatomischem Hufbett
* rutschfester Sohle
* optimaler Abrollbewegung
* Federdaempfung

weil Halalia auch auf den schikanoesen Rennstrecken von Hokkaido ihr Bestes
geben soll.

Bitte, geben Sie uns moeglichst umgehend einen fuer Ihren Werkstattlei-
ter guenstigen Termin zur Besprechung und zum Massnehmen. Wie lange dauert die
Anfertigung? Wieviele Anproben sind notwendig?
In Erwartung Ihrer raschen Antwort verbleibe ich mit freundlichen Gruessen,

Claire Al-Salami   10/12/97

F A X

An/To: Claire Al-Salami	Von/From: Christoph Berger		adidas AG
z.H./Attn.:	Telefon/Phone: +49/9132/84-2580		Adi-Dassler-Str. 1-2
	Fax-No.: +49/9132/84-2027		D-91074 Herzogenaurach
Fax-No.:	Seiten/Pages: 1 / 1		Germany
z.Kt./CC:			

Datum/Date: 15.12.97

Ihr Fax vom 10. Dezember 1997

Sehr geehrte Frau Al-Salami,

vielen Dank für Ihr Schreiben vom 10.12.1997.

Wir haben Ihr Fax mit Interesse gelesen, müssen Ihnen aber leider mitteilen, daß wir als Sportartikelhersteller Ihnen nicht helfen können. Wir haben uns bis jetzt immer auf Menschenfüße spezialisiert und unsere „Werkstatt" ist auch nicht für die Anfertigung und Bearbeitung von Pferdehufen geeignet.

Wir bedauern sehr, daß wir Ihnen bzw. der Lieblingsstute Ihres Mannes nicht weiterhelfen können und wünschen Ihnen viel Glück und Erfolg für die Zukunft.

Mit freundlichen Grüßen,

adidas AG

Christoph Berger
- Technical Marketing Footwear -

Ḥafidh Aḥmad Muhammad Othman Abdullah Bin Abd
Ragi Faisal Ḥamad Fawzi Faisal Al-Salami

An die
Direktion
HAMBURG MARIOTT HOTEL
ABC-Strasse 52
20354 Hamburg
Fax: (040) 3505-1777

Sehr geehrte Damen und Herren:

Mein Mann und ich befinden sich auf einer Europareise und haben vor, fuer eine
gute Woche in Ihrem renommierten Hotel einzuchecken.

Wir haben im Badischen eine komplette Zucht Weinbergschnecken erstanden,
die wir nach Al Sharjah, unserer Heimat, exportieren wollen, da es dort Deli-
katessen wie Schnecken in Knoblauch nur in Dosen gibt.

Es handelt sich um 800 Weinbergschnecken im Gehaeuse. Sie werden von uns in
oben offenen Aquarien transportiert, die umgehend nach unserer Ankunft in Ihrem Hotel an das Stromnetz angeschlossen werden muessen, damit sich das Ge-
kriech nicht erkaeltet. Ausserdem benoetigen wir waehrend unseres Aufenthaltes
bei Ihnen pro Tag etwa drei Kilo Salat (Eisbergsalat oder gruener Salat ist
vorzuziehen. Mit Endiviensalat haben sie es nicht so!)

Bitte, lassen Sie mich moeglichst bald wissen:

* Koennen Sie eine geeignete Suite bereitstellen?
* Ist die Versorgung mit Salat gewaehrleistet?
* Ist umgehender Anschluss ans Stromnetz sicher - berechnen Sie Strom extra?
* Kann Ihr Personal entsprechend angehalten werden, unsere Schnecken nicht zu
  beachten und vor allem keine individuellen Fuetterungsversuche zu unterneh-
  men?

In Erwartung Ihrer baldigen Antwort, mit freundlichen Gruessen!

Claire Al Salami   21/12/97

ABC Straße 52	Telefax 040 / 3505 - 1777
D-20354 Hamburg	Telefon 040 / 3505 - 1700

An/ To : Mrs Claire Al-Salami

Firma/ Co. :

Fax-Nr. :

Seiten/ Pages : 1

Von/ From : Ute Schmoock

Datum/ Date : 22. Dezember 1997

Betr./ Re. :

Sehr geehrte Frau Al-Salami,

vielen Dank für Ihr Interesse am **Hamburg Marriott Hotel**.

Leider ist es uns nicht möglich, die gewünschte Reservierung zu bestätigen, da unser Haus nicht der geeignete Ort für die Beherbergung von Weinbergschnecken ist.

Nach Absprache mit unserem Managment können wir die von Ihnen gewünschte Unterbringung der Schnecken nicht gewähren.

Mit der Bitte um Verständnis verbleiben wir mit freundlichen Grüßen

IHR HAMBURG MARRIOTT HOTEL

Ute Schmoock
Reservierung

Ḥafidh Aḥmad Muhammad Othman Abdullah Bin Abd
Ragi Faisal Ḥamad Fawzi Faisal Al-Salami

PERSOENLICH! VERTRAULICH!

An die
Direktion
SCHWEIZER TIERSCHUTZ
Birsfelderstrasse 45
CH-4052 Basel
SCHWEIZ

Sehr geehrte Damen und Herren:

     Wir haben eine Reihe von Fernsehverpflichtungen fuer unsere Schimpansen-
familie beim Schweizer Fernsehen.

Es handelt sich, wie Sie sich vorstellen koennen, um sehr kostbare Tiere: Artisten der Hohen Schule. Mama Theresita, Papa Colombo und die Zwillinge Sadam
und Hussein sind schon in der Tom Jones-Show aufgetreten und von Magier David
Copperfield verzaubert worden.

     Wir kennen ANIMAL PROTECTION aus den Staaten. Dort haben wir jedesmal
Bodyguards und Security-offiziere zum Schutz unserer Affenfamilie engagiert.
Es geht auch darum, sie vor allzu aufdringlichen Fans zu schuetzen!
Nach jeder Show in Vegas gibt unsere Affen-familie uebrigens eine Autogramm-
stunde! So wollen wir es natuerlich auch in Ihrem schoenen Land halten!

     Bitte, lassen Sie uns moeglichst umgehend wissen:

Was kosten Ihre Tierschutzbeamten pro Tag (8 Stunden Arbeitszeit)
Kennen sich Ihre Leute mit Personen-schutz aus?
Sind sie bewaffnet?
Koennen wir zwei oder drei Ihrer Bodyguards kurzfristig anheuern?
Waeren Ihre Leute bereit, die noetigsten Begriffe aus dem Handbuch fuer Dialo-
ge mit Affen zu lernen, damit es keine Verstaendigungsprobleme gibt?

     Ich glaube, dass die Promotion fuer Ihren Tierschutz-Verein grossartig
sein wird, da sich die Medien bereits jetzt fuer Interview- und Fototermine
mit unserer Schimpansenfamilie angemeldet haben.

In Erwartung Ihrer detaillierten Antwort und freundlichen Gruessen,

Claire Al-Salami   8/11/97

Zentralsekretariat
Dornacherstrasse 101
Postfach 461
4008 Basel
Tel. 061 361 15 15
Fax 061 361 15 16

Mitglied der World
Society for the Protection
of Animals (WSPA), London

Schweizer Tierschutz STS

Ceterum Censeo: **KEINE MASS-
GESCHNEIDERTEN UND
PATENTIERTEN TIERE**

Frau
Claire Al-Salami

Basel, 18. Dezember 1997 cf

Bodyguard/Security für Schimpansen

Sehr geehrte Frau Al-Salami

Wir beziehen uns auf Ihr Schreiben vom 8. November, worin Sie uns anfragen, ob der
Schweizer Tierschutz STS während Ihren Verpflichtungen beim Schweizer Fernsehen,
welche diesem jedoch nicht bekannt sind, den Schutz Ihrer Affenfamilie übernehmen
könnte.

Wir senden Ihnen mit separater Post unsere Broschüre 'Wir kämpfen für das Tier', die
Ihnen die Arbeit des Schweizer Tierschutz STS etwas näherbringt. Einen Security-Dienst
oder gar bewaffneten 'Tier'-Schutz bieten wir nicht an.

Im Gegenteil, der Schweizer Tierschutz STS setzt sich vehement für die Würde der
Kreatur ein. Die Zurschaustellung und Vorführung von Wildtieren wird in zunehmendem
Masse abgelehnt. Für eine Vermenschlichung und Veralberung von Tieren, was vor
Jahrzehnten vielleicht noch Unterhaltungswert hatte, haben wir kein Verständnis; dies ist
ethisch nicht mehr vertretbar. Die Verantwortung und der Respekt gegenüber Tieren muss
eine Selbstverständlichkeit sein.

Mit freundlichen Grüssen

SCHWEIZER TIERSCHUTZ STS
Zentralsekretariat

Christa Fürst

Hafidh Ahmad Muhammad Othman Abdullah
Bin Abd Nagi Faisal Hamad Fawzi Al Salami

Château des Cinglés – Dubai (U.A.E.)
Fax: (++1-801) 751-7857 - E-mail: sheikh_al_salami@hotmail.com

<u>PERSÖNLICH UND VERTRAULICH!</u>

Herrn
Gerd Seidensticker
SEIDENSTICKER GmbH
D-33609 Bielefeld
FAX: (0049-521) 306-367

Sehr geehrter Herr Seidensticker:

Mein Mann und ich kennen die Produkte Ihrer bekannten Firma seit vielen Jahren.
Im Rahmen der entwicklungspolitischen Förderungsmaßnahmen, an denen meinem Mann sehr liegt, haben wir die Schirmherrschaft für einen Stamm kleinwüchsiger Pygmäen am Golf von Bengalen übernommen. Die 120 Mitglieder müssen im Herbst 2001 auf eine Vortragsreise durch die USA und dabei natürlich entsprechend repräsentieren.
Ein Auftritt vor der UNO im Lendenschurz mag für die Medien interessant sein, trifft aber nicht den Ernst der Sache.

Wären Sie bereit, für die Kleinwüchsigen die gesamte Ausstattung zu übernehmen? Bei den Hemden ist dies natürlich von besonderer Bedeutung, weil Pygmäen fast keinen Hals haben. Trotzdem sollen sie seriös aussehen! Bitte lassen Sie mich freundlicherweise umgehend per FAX wissen:

Wie lange brauchen wir für die Anproben in Bielefeld?
Können Sie im Voraus Design- und Modellvorschläge machen?
Wann brauchen Sie die genauen Masse der Kleinen – und welche?
Gibt es in Ihrer Firma eine zuverlässige Vertrauensperson, die unseren Schützlingen das Binden von Krawatten (Windsorknoten bietet sich an!) demonstrieren kann?
Was kalkulieren Sie für 120 Hemden nach Maß, Schweizer Baumwolle?

Mit bestem Dank für Ihre persönliche Hilfe in dieser Sache und freundlichen Grüßen!

Telefax

Textilkontor
**Walter Seidensticker
GmbH & Co. KG**

Herforder Str. 182-194
33609 Bielefeld
Tel. 05 21 / 306-321
Fax 05 21 / 306-367

Bitte verständigen Sie uns sofort,
wenn Sie nicht alle Seiten fehlerfrei
empfangen haben.

Please contact us immediately in
case of transmission error.

An/to:	Hafidh Ahmad Muhammad Othman Abdullah Bin Abd Nagi Faisal Hamad Fawzi Al Salami Château des Cinglés, Dubai (U.A.E.)
z. H./attn.:	Mdm. Claire Al Salami
Fax Nr./no.:	1 / 801 / 751-7857
Von/from:	Gerd Seidensticker
Datum/date:	28.03.2001

Seiten/pages: 1
incl. Deckblatt/coversheet

Sehr verehrte Frau Al Salami,

ich danke für Ihr Fax. Leider kann ich Ihnen bei der Einkleidung von 120 Pygmäen nicht helfen, da wir uns mit Maßanfertigungen nicht befassen können.
Bitte haben Sie dafür Verständnis.

Mit freundlichen Grüßen

Gerd Seidensticker

Ħafidh Ahmad Muhammad Othman Abdullah Bin Abd
Ragi Faisal Ħamad Fawzi Faisal Al-Salami

PERSOENLICH! VERTRAULICH!

An die
Direktion des
ZEPPELIN-MUSEUMS
Seestrasse 22
88045 Friedrichshafen
FAX: (07541) 38.01.80

        Sehr geehrte Damen und Herren:

Vor etwa 50 Jahren erstand mein Mann auf einer geheimen Aktion in Stuttgart
eine alte Truhe aus dem Maerkischen, in welcher sich Buendel von Briefen (oft
unleserlich) und Postkarten (meist vergilbt) befanden, die er - der deutschen
Sprache ohnehin nicht maechtig - als unwichtig ablegte.

        Erst vor kurzem, vor unserem Umzug auf die Fidschi-inseln kam ich aus
Neugierde dazu, die Post zu sichten, wobei ich auf einen alten Folianten
stiess, dessen Inhalt vielleicht fuer Sie von Interesse sein koennte - ich
persoenlich mache mir nichts aus technischen Zeichnungen und Beschreibungen.
Die Plaene zeigen ein zigarren-foermiges Gebilde (einen Zeppelin???) und sind
mit den Initialen "FvZ" gezeichnet. Jedenfalls lese ich diese Buchstaben aus
der Krakelei. Dann gibt es mehrere von mir unentzifferte Briefe in Hand-
schrift mit der Zeile "Geheime Reichssache" und "Vertraulich!" sowie Zeitungs-
berichte aus einem Ort Lakehurst oder so aehnlich, mit Randnotizen, unleserlich.

        Bitte, lassen Sie mich wissen, ob ich Ihnen den ganzen Stapel zusenden
soll oder ob ich das Gekritzel und Geschmiere wegwerfen kann, weil es - wie
ich annehme - ohne Bedeutung ist.

        Mit freundlichen Gruessen,

Claire Al-Salami   5/11/97

TELEFAX

Bitte sofort weiterleiten an • please pass immediately on to

Herrn/Frau • Mr./Mrs. Claire Al-Salami	*Absender • sender* Dr. Wolfgang Meighörner
Firma • company	*Telefax • telefacsimile* 07541 / 380110 * 07541 / 380180
Telefax • facsimile	*Datum • date* Samstag, 8. November 1997
Betriff • ref Akten	*Anzahl der Seiten • no of pages* 1

Sehr geehrte Frau Al-Salami,

haben Sie verbindlichen Dank für Ihre Nachricht. Naturgemäß kann ich ohne Augenscheinnahme nicht beurteilen, ob es sich - wie Sie vermuten - um Bestände aus der Hand Graf Zeppelins handelt.
Generell wäre ich aber - im Sinne der möglichen Bewahrung historischen Kulturgutes - außerordentlich dankbar, wenn Sie mir den Bestand zugänglich machen würden. Ich würde Ihnen nach Einsicht meine Einschätzung mitteilen.

Ich wäre dankbar, wenn Sie die Akten an die folgende Adresse senden könnten:

Zeppelin Museum Friedrichshafen
Seestr. 22
88045 Friedrichshafen

Mit freundlichen Grüßen
Zeppelin Museum Friedrichshafen GmbH

Dr. Meighörner
Direktor

Ḥafidh Aḥmad Muhammad Othman Abdullah Bin Abd
Nagi Faisal Ḥamad Fawzi Faisal Al-Salami

Herrn
Dr. Wolfgang Meighoerner
Direktor des
ZEPPELIN MUSEUMS FRIEDRICHSHAFEN
Fax: (07541) 38.01.88

<u>Betr.: Ihre Fax-nachricht vom 8. 11. 97</u>

Sehr geehrter Herr Museumsdirektor:

Ich habe Ihre freundliche Nachricht erhalten, vielen Dank, und sie meinem Mann nach Jeddah weitergeleitet, wo er sich zur Zeit aufhaelt. Er hat die Konferenz der "Unabhaengigen Oelquellenbesitzer im Orient" sofort verlassen und mich noch in der Nacht angerufen. Tatsaechlich hat er Bedenken geaeussert, Ihnen vor allem jene Aufzeichnungen und Akten zukommen zu lassen, die mit der Zeile

"GEHEIME REICHSSACHE - VERTRAULICH!"

gezeichnet sind und seiner Meinung nach brisantes Material enthalten, das auf ein geplantes Attentat auf die "Hindenburg" hinweisen. Ich habe von solchen politischen Angelegenheiten keine blasse Ahung. Fuer mich sind lupenreine Vier- oder Mehr-karaeter weitaus wichtiger als der ganze Nazi-quatsch und ein Adolf Hitler, der ja nun schon lange tot ist.

Immerhin kann ich, Sie werden dies verstehen, natuerlich Anordnungen meines Mannes nicht einfach uebergehen. Faisal macht sich manchmal fuer ganz andere, unwichtige Dinge in die Hose. Ich entnehme seinen Worten, dass er Angst hat, die betreffenden Dokumente wuerden ihn irgendwie belasten bzw. seine Verbindung zur SS (?) und/oder Gestapo beweisen. - Das ist insofern voelliger Bloedsinn, weil mein Mann nun wirklich mit den Nazis nichts am Hut hatte. Sein Vater hatte zwar gewisse Beziehungen zu Graf von Stauffenberg - aber was hat das mit dem Auktionsposten zu tun, frage ich Sie!?

Langer Rede kurzer Sinn: Faisal moechte schriftlich zu bestaetigt haben, dass die gesamte Aktion diskret behandelt wird und die Herkunft der Akten bis auf weiteres verschwiegen wird, auch dann, wenn wir das ganze Paket dem Zeppelin Museum stiften.
Ist dies in Ihrem Sinn?

Mit freundlichen Gruessen,

Claire Al-Salami

0/11/97

TELEFAX

Bitte sofort weiterleiten an • *please pass on immediately on to*

Herrn/Frau • *Mr./Mrs.*	Absender • *sender*
Claire Al-Salami	**Dr. Wolfgang Meighörner**
Firma • *company*	Tel/Fax • *tel/facsimile*
	07541 / 3801 - 10 * 07541 / 3801 - 80
Telefax • *facsimile*	Datum • *date*
	Sonntag, 9. November 1997
Betreff • *ref.*	Anzahl der Seiten • *no. of pages*
Zeppelin-Akten	1

Sehr geehrte Frau Al-Salami,

dankend bestätige ich den Erhalt Ihrer Nachricht. Generell freue ich mich, daß Ihr Mann und Sie bereit sind, uns die Unterlagen zugänglich zu machen.

Zu den Befürchtungen, die Ihr Mann hegt: die „Geheimen Reichssachen" liegen schon soweit zurück, daß eine entsprechende Verbindung mit Ihrem Mann wohl nicht mehr relevant sein dürfte. Auch nach deutschen Gesetzen wäre eine Überlassung unproblematisch. Sollte er Kontakte zu SS und Gestapo gehabt haben, so wäre es doch einigermaßen erstaunlich, wenn er diesbezügliche Belege aus einer Auktion zufällig in einer „Truhe aus dem Märkischen" erhalten hätte.

Generell möchte ich nochmals das Interesse des von mir vertretenen Hauses an den Unterlagen bekräftigen; sollte Ihr Mann Bedenken wegen des Inhaltes haben, so kann ich Ihnen zusichern, daß eine anonymisierte Behandlung gewährleistet werden kann.
Vielleicht wäre es für Ihren Mann ja sogar nützlich, wenn die Dokumente von Fachleuten aus unserem Hause beurteilt würden. Nur: dazu müßte ich sie sehen.

Ich verbleibe einstweilen in Erwartung Ihrer Antwort und

mit freundlichen Grüßen
Zeppelin Museum Friedrichshafen GmbH

Dr. Meighörner
Direktor

Hafidh Ahmad Muhammad Othman Abdullah
Bin Abd Nagi Faisal Hamad Jawzi Al Salami

Château des Cinglés – Dubai (U.A.E.)
Fax: (++1-801) 751-7857 - E-mail: sheikh_al_salami@hotmail.com

PERSÖNLICH UND SEHR VERTRAULICH!
Herrn
Gerhard Schröder
Bundeskanzler
Spreeweg 1
D-11910 Berlin
Fax: (030) 2000-1999 + (01888)630-1999

Sehr verehrter Herr Bundeskanzler, lieber Gerhard,

Hoffentlich erreicht Sie mein FAX. Sie gaben uns damals in New York Ihre private Telefonnummer, aber ich verschlampte sie ebenso wie Ihre Anschrift in Dahlem. Ich hoffe, Ihrer Gattin geht es gut. Wie ist Klara inzwischen in der Schule, sie muß jetzt zehn sein? Was macht die Praxis von Götz? Wollte er nicht aus der Adenauerallee ausziehen? Wie geht es Ihrer Frau Mutter?

Hafidh ist nicht mehr! Er litt zuletzt sehr, darum ist es für ihn sicherlich das Beste. Plötzlich allein zu sein ist schwer für mich. Aber das Leben geht weiter. Hafidh mochte Sie und Doris. Er schrieb seinerzeit sogar ihrem Bruder, um ihr (heimlich) eine Freude zu machen, aber Alfred antwortete leider nie. - Hafidh's letzter Wille ist mir heilig, und es freut mich, daß er Sie in seinem Testament bedachte: Er sammelte, Sie erinnern sich, alte Meister. Ein Bild, das ihm viel bedeutete, malte Goya zu seiner besten Zeit. Es gehört jetzt Ihnen!
Verstehen Sie mich nicht falsch, lieber Gerhard, aber wenn Sie es Ihrer Stellung wegen momentan nicht annehmen können, schlage ich vor, es bis zum Ende Ihrer Kanzlerschaft in unserem Banksafe liegen zu lassen. Ich habe nichts gegen Deutschland, aber sehe nicht ein, daß Sie ein wertvolles Gemälde, das Ihnen mein Mann persönlich (nicht als Kanzler!) vermachte, nicht mitnehmen können, wenn Sie dort ausziehen.
Bitte, lassen Sie mich rasch wissen, ob Sie oder Doris nach New York kommen können, um die Papiere zu unterzeichnen, und was mit dem Gemälde geschehen soll. Ich freue mich auf Eure rasche Antwort und ein baldiges Wiedersehen!
In aufrichtiger Freundschaft,
Ihre

IDESREPUBLIK DEUTSCHLAND
DER BUNDESKANZLER

Leiterin des Kanzlerbüros

10178 Berlin,   April 2001
Schloßplatz 1

Briefanschrift:
11012 Berlin
Telefon 018 88 / 400 - 2004
oder   (030) 40 00 - 0 (Vermittlung)
Fax   018 88 / 400 - 2353

Claire ...
Château des Cinglés
Dubai (U.A.E.)

Fax: 00971 4 1 801 751 7857

Sehr geehrte Frau Claire,

hiermit bestätige ich Ihnen den Eingang Ihres Schreibens an Herrn Bundeskanzler Gerhard Schröder vom 15. April 2001. Dazu möchte ich Ihnen mitteilen, dass der Bundeskanzler Geschenke dieser Art nicht annimmt – weder in seiner Amtszeit als Bundeskanzler noch danach. Wenn es aber dieses Bild von Goya wirklich geben sollte, dann möchten wir Ihnen empfehlen, es doch einem Museum zu überlassen, so dass viele Menschen Freude daran haben.

Mit freundlichen Grüßen

Sigrid Krampitz

Ḥafidh Aḥmad Muhammad Othman Abdullah Bin Abd
Ragi Faisal Ḥamad Fawzi Faisal Al-Salami

PERSOENLICH! VERTRAULICH!

An die
Direktion
HOLIDAY INN COLOGNE CITY CENTER
Habsburgerring 9-13
D-50674 Koeln
FAX: (0221) 25.12.06

Sehr geehrte Damen und Herren:

Ich war kuerzlich gemeinsam mit einem Herrn Gast bei Ihnen. Aus Ihnen sicherlich verstaendlichen Gruenden jedoch unter anderem Namen.

Der Herr und ich haben Ihre entzueckende Atmosphaere in Ihrem Gift-Shop sehr genossen. Und die Ausfluege zum Koelner Dom boten viel Anregung und Spass. Wir danken noch einmal fuer die genossene Gastfreundschaft und die ausgezeichnete Kueche!

Leider vermisse ich seit unserer Abreise einen speziell fuer mich angefertigten Set japanischer Liebeskugeln. (<u>Vier</u> mittelgrosse Kugeln in Rotgold, 22 Karat massiv, sie sehen wie Weihnachtschmuck aus, sind mit einem gueldenen elastischen Band verbunden und spielen, wenn sie durch Koerperwaerme in die richtige Temperatur gebracht werden "Es muss was Wunderbares sein, von dir geliebt zu werden". Es singt Peter Alexander!)

Sie sind mir vermutlich unters Bett gerollt. Wir bewohnten die herrliche Suite auf der 5. Etage mit der huebschen Tapete, leider ist mir die Zimmernummer entfallen.

Ich vermisse die Liebeskugeln sehr, weil sie -wie ausgefuehrt - speziell fuer meine Groesse (V 3) angefertigt wurden. Hat Ihr Personal sie vielleicht beim Aufraeumen gefunden? Es handelt sich um ein Geschenk meines Mannes, und ich habe ihm bis heute gar nicht gebeichtet, dass ich es verlor/ vergass! Wenn er die Hintergruende dieser Story erfaehrt, wird er ohnehin toben!

Bitte, vernehmen Sie Ihr liebenswertes Personal diskret und informieren Sie mich moeglichst rasch, ob das Intimspielzeug gefunden wurde. Koennten Sie es mir dann per Nachnahme zusenden, damit Sie keine Portokosten haben?

Mit bestem Dank fuer Ihre Bemuehungen und freundlichen Gruessen!

Claire Al-Salami   14/12/97

K Ö L N · G E R M A N Y

HOLIDAY INN CROWNE PLAZA KÖLN · HABSBURGERRING 9–13 · 52674 KÖLN

Frau
Claire Al-Salami

per telefax

HABSBURGERRING 9–13
50674 KÖLN
POSTFACH 27 02 47
50509 KÖLN
TELEFON (0221) 20 95 0
TELEFAX (0221) 25 12 06
VAT ID NO.: DE 113822 809

16.12.97
MT/gb

Sehr geehrte Frau Al-Salami,

ganz herzlichen Dank für Ihren ausführlichen Brief. Wir freuen uns, daß Sie unseren Giftshop genossen und daß der Kölner Dom Sie angeregt hat. Das tut er immer wieder.

Wir bedauern sehr, daß Sie seit Ihrer Abreise Ihre musikalischen japanischen Liebeskugeln vermissen. Natürlich haben wir alle in Frage kommenden Suiten abgesucht, indem wir gemeinsam unter den Betten nachschauten - alle Mitarbeiter unseres Hauses fanden plötzlich großes Interesse an japanischen Liebeskugeln.

Zu unserem Erstaunen fanden wir Liebeskugeln, leider aber nicht die von Ihnen beschriebenen. Die aufgefundenen sind aus Silber und sehen aus wie Ostereier. Sie sind auch nicht mit einem güldenen Band, sondern mit einfachem Gummi verbunden und sie spielen bei aufgeheizter Temperatur das von Heino gesungene Lied "Stille Nacht, Heilige Nacht".

Nun weihnachtet es ja sehr und die Menschen sind sehr lieb zueinander. Vielleicht sollten Sie Ihrem Mann einfach die ganze Geschichte erzählen, so wird er Ihnen sicherlich neue Liebeskugeln schenken. Zwischenzeitlich können wir alle nachvollziehen, wie sehr Sie Ihre Kugeln vermissen.

Wir wünschen Ihnen von Herzen frohe Weihnachten und alles Gute im Neuen Jahr und freuen uns schon jetzt auf Ihren erneuten Besuch in Köln.

Mit freundlichen Grüßen
HOLIDAY INN CROWNE PLAZA KÖLN

Martin Tamm
Direktor

Ḥafidh Aḥmad Muhammad Othman Abdullah Bin Abd
Ṇagi Faisal Ḥamad Fawzi Faisal Al-Salami

PERSOENLICH! VERTRAULICH!

An die
Stadtverwaltung von
Leipzig
Sachsenplatz 1
04109 Leipzig

    Sehr geehrter Herr Buergermeister:

Von einer uns unbekannten Immobiliengesellschaft mit Sitz in Aruba wurde uns
das Anwesen

        Goldschmidtstrasse 12, Leipzig

zum Kauf angeboten. Der Preis betraegt 2,6 Millionen Mark, angeblich kann hier
nicht gehandelt werden. Auf unsere Frage nach dem Grund dieses u.E. unangemes-
senen Kaufpreises, der fuer Ihre schoene Stadt, die wir bis dato nur vom LEIP-
ZIGER ALLERLEI kannten, absurd scheint, wurde uns mitgeteilt, es handele sich
bei dem oben genannten Anwesen um das Haus, in welchem der Komponist, Dirigent
und Pianist Felix Mendelssohn Bartholdy einst wohnte.

    Wir moechten natuerlich sicher sein, dass wir wirklich ein Stueck Tradi-
tion kaufen und bitten um Ihre freundliche Antwort zu diesen Fragen:

    Hat Felix Mendelssohn Bartholdy wirklich in diesem Haus gewohnt?
    Hat das Haus eventuell unterirdische Gewoelbe, in denen wir noch auf
    Souvenirs stossen koennten? (Eine vergilbte Partitur, Briefe usw.)
    Ist moeglicherweise auch das bekannte Gewandhaus zu kaufen?
    (Das war wohl das Haus, in dem das Orchester wohnte, das der Komponist
    von 1835 bis 1847 leitete, daher GEWANDHAUS-ORCHESTER?)
    Wenn die Nazis angeblich Mendelssohn's Musik als "artfremd" verfemten -
    warum ist dann die Immobilie, in der er wohnte, dermassen teuer?

Fuer umgehende Antwort waere ich dankbar, da ich den Kaufvertrag nicht unter-
schreiben moechte, bevor die vorherigen Punkte geklaert sind.

Mit Dank und Gruessen,

Claire Al-Salami   7/11/97

vorab per Fax

Frau
Claire Al-Salami

Dezernat Kultur
Tel. 123 42 09
Fax 123 42 05

| Ihre Zeichen / Ihre Nachricht vom | Unser Zeichen 02.7 – kk | Telefon | 14.1Datum 1997 |

Sehr geehrte Frau Al-Salami,

Ihr Brief vom 7.11.1997 ist an das Dezernat Kultur weitergeleitet worden. Sie fragen darin nach dem Leipziger Standort Goldschmidtstraße 12.

Normalerweise gehört die Auskunft über Grundstücksangelegenheiten nicht in die Zuständigkeit des Kulturdezernats. In diesem Falle ist die Situation aber völlig unstrittig.

Das Grundstück wurde vor einiger Zeit erworben durch die Internationale Mendelssohn-Stiftung, Leipzig. Ihr Präsident ist übrigens Kurt Masur, der bis 1996 Gewandhauskapellmeister in Leipzig war. Die Stiftung in der Rechtsform eines Vereins hat als Bauherr das hier befindliche Wohn- und Sterbehaus des ehemaligen Gewandhauskapellmeisters, Komponisten und Reformers Felix Mendelssohn Bartholdy denkmalgerecht saniert. In den Erwerb und in die Restaurierung sind auch Gelder der öffentlichen Hand eingeflossen. Erst kürzlich - anläßlich des 150. Todestags von Mendelssohn Bartholdy am 4. November 1997 - ist das Haus als Kultur- und Begegnungszentrum eingeweiht worden. Das Objekt kann nicht zum Verkauf stehen.

Das Gewandhaus, nach dem Sie sich außerdem erkundigen, ist eine 1981 eröffnete, große Konzerthalle in kommunaler Trägerschaft. Sie hat eine hervorragende Akustik und ist angemessene Wirkungsstätte für das Gewandhausorchester. Eine Veräußerung ist nicht geplant.

Mit freundlichem Gruß
In Vertretung

Dr. Georg Girardet
Beigeordneter für Kultur

**Hafidh Ahmad Muhammad Othman Abdullah
Bin Abd Nagi Faisal Hamad Fawzi Al Salami**
Château des Cinglés – Dubai (U.A.E.)
Fax: (++1-801) 751-7857 - E-mail: sheikh_al_salami@hotmail.com

PERSÖNLICH UND SEHR VERTRAULICH!

Frau
Elke Sommer
FAX: (0049-30) 441-7174

Lieber Elke Sommer:

Ich sitze allein in meiner Wohnung am Central Park und bin einsam. Mein Mann Hafidh ist vor wenigen Wochen von mir gegangen – der Tod kam unerwartet, aber er mußte wenigstens nicht leiden. Für mich ist das tröstlich. Meine Tränen versiegen jetzt langsam. In dieser schweren Zeit sind Ihre Filme, die mein Mann und ich stets und immer wieder gemeinsam anschauten, ein Grund, nicht zu verzweifeln und daran zu denken, daß es ein Morgen gibt. Ich danke Ihnen dafür! Aber was sind Worte, wenn es Taten gibt, die begangen werden können? Mein Mann hinterließ mir ein stattliches Vermögen, und ich bin zu alt, um das Geld, das ich jetzt mein eigen nenne, allein ausgeben zu können. Andererseits bin ich nicht die Frau, die Millionen ihrer Katze vererbt (ich habe auch keine, weil ich gegen Katzenhaare allergisch bin) oder es dem Stadtsäckel überläßt. Ich möchte den Menschen Freude bereiten, denen ich schöne Stunden in meinem Leben verdanke. Sie gehören ganz sicher dazu! Bitte, erlauben Sie mir daher, Sie zu fragen, ob Sie mein persönliches Geschenk annehmen. Ich möchte Ihnen aus dem ererbten Vermögen von Sheikh Hafid Al Salami eine Million Euro hinterlassen. Sie würden mich glücklich machen, wenn Sie Ja sagen würden. Vielleicht können wir ja mit einem Glas Champagner auf bessere Tage anstoßen! Bitte, lassen Sie mich wissen, ob und wohin ich Ihnen den Privatjet schicken kann, um Sie zur Übergabe des Geldes nach New York und wieder zurück fliegen zu lassen! In tiefer Dankbarkeit für die Zeit, in der ich mein Leid dank Ihrer vergessen durfte!
Ihre

Claire

Claire

Mrs Claire Hafid al Salami ①

Fax 001-801-7517857

Liebe Frau Claire!
Herzlichen Dank für Ihr liebes Fax.
Es gibt bestimmt ein „Morgen", das
schaffen wir. Erst vor ein paar Tagen
dachte ich, dass mir eigentlich (ausser
mehreren Ehrungen) noch niemand so
richtig gesagt hat, dass mein Lebens-
werk jemanden Anderen lebenslang
begleitet und so viel Freude bereitet hat.
Das rührt mich sehr. Danke!
Ihren Schmerz kann ich unheimlich gut
verstehen, da mein geliebter Vater mich im
zarten Alter von 14 Jahren auch verlassen
würde. Gerade zu dem Zeitpunkt, wo ich
ihn am allermeisten gebraucht hätte.
Im Augenblick bin ich einer ganz grossen
Herausforderung in meinem künstlerischen
Leben ausgesetzt. Halten Sie sich fest Claire!
Ich spiele in einer Opera buffo
Orpheus in der Unterwelt von J. Offenbach
die öffentliche Meinung.

Ausserdem muss ich auch noch singen.
Nach so vielen Jahren Arbeit etwas ganz Neues.
Die Premiere findet am 11 July in Trier
in den original römischen Kaiser-
thermen statt.
Wenn Sie es sich zeitlich einrichten
können (vom 11–16 July) würde ich
mich sehr freuen, Sie hier einladen zu
können.
Nochmals vielen Dank für Ihr Fax.
Denken Sie immer, dass es viele
liebe Menschen gibt, humorvolle auch,
die Sie noch kennenlernen werden.
Frauen kommen ja gut miteinander
aus.
Freue mich von Ihnen bald zu
hören.
Alles Liebe
Ihre Elke.
P.S. Meine Faxnummer in Trier
ist
011 49 – 651 – 9377 333

Ḥafidh Aḥmad Muhammad Othman Abdullah Bin Abd
Ragi Faisal Ḥamad Fawzi Faisal Al-Salami

<u>PERSOENLICH! VERTRAULICH!</u>

An den
Geschaeftsfuehrer
DEUTSCHER HOTEL- UND GASTSTAETTENVERBAND
Kronprinzenstrasse 46
53134 Bonn

Sehr geehrter Herr Geschaeftsfuehrer:

Seit zwei Jahrzehnten nun reisen mein Mann und ich in offizieller Mission durch Deutschland. Da hat sich einiges angesammelt! Mein Mann und ich haben - sicherlich sind wir damit nicht allein - jedesmal "etwas mitgehen" lassen. Als Souvenir und lieb gewordene Erinnerung an die Luxus- und First Class-Hotels, in denen wir von der diplomatischen Vertretung des Vatikan einquartiert wurden.

Zum kommenden Neujahrsfest haben mein Mann und ich einen Vorsatz gefasst und wollen ihn einhalten: Wir moechten die Schubladen unserer Erinnerung aufraeumen und leeren. Insbesondere handelt es sich nach einer aktuellen Auflistung um folgendes:

```
 189 Hummerbestecke und Kaviarloeffel (sortiert in Hotelsilber, teilweise
       mit Filigrangravierung des betreffenden Hotels)
 235 Champagnerfloeten, Vodkastumpen und Martiniglaeser
  88 gerahmte Bilder, darunter auch Lochstickereien
  11 Fernbedienungen (Remote controls) mit dem Etikett "HOTELEIGENTUM"
 888 Schreibmappen, komplett mit Briefpapier, Kuverts, Kugelschreiber
  99 Wolldecken (in Wirklichkeit aber Nylonfaser!)
1005 Blumenvasen in allen Groessen, davon 777 aus Kristall, also schwer!
 755 Leinenservietten mit eingesticktem Hotelnamen und Emblem
 345 Bademaentel in Weiss mit Hotelwappen auf der linken Aussentasche
7819 Appartementschluessel mit Verzierung, Emblem und anderem Schnick-
       schnack
```

Wir haben die gesamten Souvenirs verpackt und moechten sie Ihnen gerne in noch vor Weihnachten zusenden. Vielleicht koennen sie zugunsten wohltaetiger Zwecke versteigert oder verlost werden - natuerlich, bitte, anonym! Wir sind aber auch fuer jeden anderen, positiven Vorschlag zu haben!

Ich wuerde mich freuen, umgehend von Ihnen zu hoeren!
Mit freundlichen Gruessen,

Claire Al-Salami   6/11/97

DEHOGA
DEUTSCHER HOTEL- UND GASTSTÄTTENVERBAND

DEHOGA · Postfach 20 04 55 · 53134 Bonn
Frau
Claire Al-Salami

DEUTSCHER HOTEL- UND
GASTSTÄTTENVERBAND e.
Kronprinzenstraße 46
53173 Bonn

14. November 1997

Telefon 02 28 / 8 20 08-0
Telefax 02 28 / 8 20 08-46

Sehr geehrte Frau Al-Salami,

mit einiger Akribie haben Sie uns mit Datum vom 6. November 1997 die Resultate Ihrer offensichtlich ebenso zahlreichen wie niveauvollen Streifzüge durch die deutsche Hotellerie aufgelistet. Ihr Beitrag zum im deutschen Hotelgewerbe jährlich durch Diebstahl entstehenden Schaden von rund 85 Millionen DM scheint uns jeder Beachtung wert. Allerdings sprechen Sie in der Ihrem Schreiben innewohnenden Bescheidenheit nur von zur Entleerung anstehenden „Schubladen", wo doch offensichtlich von einem nach Kubikmetern zu bemessendem Stauraum die Rede sein müßte. Dies ehrt Sie.

Erfreulicherweise läßt sich in der Mehrzahl der von Ihnen aufgelisteten Fälle wohl offensichtlich durch Gravierungen, Etiketten, Stickereien und Beschriftungen der Mitnahmeort der „Souvenirs" einwandfrei ermitteln. Somit wird es Ihnen leicht fallen, diese Erinnerungsstücke den gesetzlichen Eigentümern zurückzugeben. Zugegebenermaßen stellt dies eine logistische Herausforderung dar. Als <u>Anlage</u> zu diesem Schreiben übersenden wir Ihnen daher die aktuelle Ausgabe des Deutschen Hotelführers, der Ihnen bei Ihrer Recherche wertvolle Dienste leisten dürfte.

Idealerweise brächten Sie jedoch die in Rede stehenden „Souvenirs" den betroffenen Hoteliers verbunden mit der einen oder anderen Übernachtung in den von Ihnen so geschätzten Luxus- und First Class-Hotels unter Einhaltung Ihrer guten Neujahrsvorsätze persönlich zurück. Dies wäre der aus unserer Sicht angenehmste Weg der Kunden- und Inventarbindung.

Daher erscheint uns ein Versand Ihrer „Mitbringsel" an den Deutschen Hotel- und Gaststättenverband zwecks Versteigerung für wohltätige Zwecke aufgrund der doch sehr eindeutigen Eigentumsverhältnisse nicht opportun. Sollten Sie noch unentschlossen in Ihrem Urteil sein, werden sich sicher Freunde und Helfer finden lassen, die Sie bei diesem Schritt tatkräftig unterstützen können.

In vorzüglicher Hochachtung

(Markus Luthe)
-Geschäftsführer-

ℌafidh Ahmad Muhammad Othman Abdullah Bin Abd
Ragi Faisal ℌamad Fawzi Faisal Al-Salami

PERSOENLICH! VERTRAULICH!

An die
Geschaeftsleitung
PELZE STOLL
Kurt-Schumacher-Strasse 25-27
30159 Hannover

        Sehr geehrte Damen und Herren:

Im April 1998 feiert mein Mann das 10-jaehrige Jubilaeum unseres Harems in einem bekannten Hannover Hotel. Wir haben bereits die notwendigen Visa-Formali-
taeten fuer seine Haremsdamen und das Wachtpersonal erledigt und werden mit
dem eigenen Jet kommen. Es handelt sich um eine Boeing 737 Long-Body. Mein
Mann moechte nun folgendes von Ihnen wissen, nachdem wir selbst im fernen
Orient so viel Gutes ueber Ihr Fachgeschaeft fuer Pelze und Leder hoerten:

    # Koennen Sie 35 Mass-Bikinis aus echtem Pelz anfertigen, und was kosten
      diese?
Unsere 35 Haremsdamen haben alle Konfektionsgroesse 46 und eine Oberweite, die
in etwa Dolly Buster/Pamela Lee Anderson entspricht?

    # Gibt es wasserdichte Pelze, d.h. koennen die Haremsdamen auch in ih-
      rem STOLL-PELZ-BIKINI unser (nicht gechlortes) Pool benuetzen?
    # Was kostet die Anfertigung nach Mass von Pelz-Tangas fuer die 17 Eunu-
      chen unserer Palastwache?
Bitte, denken Sie daran, dass es sich um kastrierte junge Maenner handelt, die
also ueber keinen Hodensack verfuegen. (Da muesste man eventuell ausstopfen -
was meinen Sie?)

    # Wie lange braucht Ihr Atelier insgesamt fuer Massnehmen/Anproben/ An-
      fertigung?
    # Koennten Sie das Schlafzimmer in unserer Boeing 737 komplett mit Black
      Glama Nerz ausschlagen, und wie lange wuerden die Arbeiten dauern?
Wir schlagen Nerz vor, weil er gut aussieht und als Schalldaempfung dienen
kann - mein Mann ist im Schlafzimmer immer sehr laut. Das lenkt die Piloten ab!
Ihre Stylisten koennten uebrigens auch nachts arbeiten. Wir bekommen eine Sondergenehmigung fuer das Betreten des Hangar auf dem Flughafen.

    Es waere schoen, moeglichst bald von Ihnen zu hoeren, damit wir planen
koennen.

Mit freundlichen Gruessen,

Claire Al-Salami   17/11/97

Per Fax to 089/6491-4163 from 0511/121 00 27

Frau
Claire Al-Salami

03.12.97

Sehr geehrte Frau Al-Salami,

für Ihr Fax vom 2.12.97 danken wir verbindlichst. Selbstverständlich ist es möglich, Ihre Wünsche - die wir gern erfüllen - zu realisieren. Haben Sie jedoch Verständnis dafür, wenn wir hierzu einige Fragen haben, um Ihnen ein einigermaßen konkretes Angebot zu unterbreiten.

Wir gehen davon aus, daß für die Damen ein einheitliches Bikini-Modell gefertigt werden soll, welches auf die jeweiligen Maße anzupassen ist. Das gleiche soll wohl auch für die Eunuchen gelten. Wäre es möglich, uns ein Bikini-Modell und einen Tanga vorab dafür zur Verfügung zu stellen? Es ist deshalb sehr wichtig, weil anhand dieser Muster der Fellverbrauch errechnet werden kann.

Da Felle unterschiedliche Größen aufweisen, ist der Fellverbrauch für eine einigermaßen konkrete Kalkulation sehr wichtig.

Noch wichtiger ist allerdings das gewünschte Fell. Durch seine besondere Leichtigkeit bieten sich Materialien wie russischer oder canadischer Zobel, geschorener Nerz, Feh und Wiesel an. Allerdings - darauf weisen wir besonders hin - ist kein Pelz wasserdicht. Ebenfalls weichen die Preise innerhalb der vorerwähnten Materialien erheblich ab.

Für das Ausschlagen des Schlafzimmers ist Black-Nerz durchaus angebracht. Hierfür bietet sich allerdings auch sehr gut Zobel an. Wie groß ist das Schlafzimmer? Sollen nur die 4 Wände und/ oder auch der Fußboden oder die Decke ausgeschlagen werden. Wie auch immer - für eine Kalkulation benötigen wir genaue Maße (Höhe/Breite/Quadratmeter).

Der Zeitfaktor spielt eine entscheidende Rolle. Wie lange beabsichtigen Sie, in Hannover zu bleiben. Bitte, nennen Sie uns Ankunfts- und Abreisedatum. Ebenfalls wären wir Ihnen sehr verbunden, uns bereits jetzt das Hotel zu benennen.

STOLL.

Geschäftsleitung

Blatt 2 zum Schreiben vom 4.12.97/Al-Salami

Fragen über Fragen, sehr geehrte Frau Al-Salami, für die Sie
sicherlich Verständnis haben. Sie sind jedoch sehr wichtig, um
ein zeitnahes Angebotsvolumen darstellen zu können. Die Rohfell-
preise auf den Weltmärkten zeigen erneute steigende Tendenz, so
daß bereits heute für den Fall Ihres Auftrags an uns nicht uner-
hebliche Vorinvestionen zu leisten sind.

Wir schlagen vor, mit Ihnen den Gesamtkomplex persönlich zu er-
örtern, vielleicht telefonisch vorab. Besser wäre, wenn wir Sie
hier in Hannover begrüßen dürften, wobei wir Ihnen äußerste Diskretion zusichern. Gern führen wir Ihnen hier die unterschied-
lichsten Felle vor, damit wünschenswerterweise eine diesbezügliche Vorentscheidung fallen kann.

Es ist uns eine große Freude, von Ihnen zu hören, und wir verbleiben inzwischen

mit freundlichen Grüßen

     STOLL-PELZMODEN

        ppa. Hogrefe

Ḥafidh Aḥmad Muhammad Othman Abdullah Bin Abd
Ragi Faisal Ḥamad Fawzi Faisal Al-Salami

PERSOENLICH! VERTRAULICH!

An die
Stadtverwaltung und Buergermeisteramt
Stadtplatz 21
84453 Muehldorf/Inn

Sehr geehrte Damen und Herren:

Mein Mann sammelt alte Briefe und Dokumente und erstand kuerzlich einen Pa-
cken verschluesselter Aufzeichnungen aus den 2oiger Jahren. Darin enthalten
war ein Lageplan aus dem Jahr 1924, etwas kompliziert und mit FRANZ MAREIS gezeichnet. Die Rueckseite wurde nach Einwirkung von UV-Licht ebenfalls leserlich
und zaehlt Kruege, Kannen und Bestecke auf, deren Fundstaette exakt beschrieben
ist. Weitere Nachforschungen ergaben: Es muss sich bei FRANZ MAREIS um jenen
Stadtfischer aus Ihrem schoenen Muehldorf handeln, der bereits 1924 einen Teil
des Millionenschatzes fand, den Kurfuerst Maximilian I. 1648 aus Furcht vor
der Invasion der Schweden auf dem Wasserweg in Sicherheit bringen wollte.
Sein Schiff rammte damals in der Naehe von Muehldorf einen Brueckenpfeiler.
Tafelsilber im Wert von heute etwa 10 Millionen DM versanken im Inn.

Mein Mann verfuegt ueber beachtliche Mittel und waere ggf. bereit, die
Schatzhebung zu finanzieren. Vorher muesste Ihrerseits allerdings schriftlich
bestaetigt werden, dass

- wir die gesamte Sore aufrichtig teilen
- ich die Medien ueber diesen Vorgang informieren kann
- wir gemeinsam eine grosse Schatz-sause arrangieren, die <u>international</u>
  Aufsehen erregen soll (mein Mann steht gerne im Lichte der Oeffent-
  lichkeit), nachdem der Schatz gehoben ist
- meinem Mann zu Ehren eine Bronzebueste auf dem Marktplatz von Muehldorf
  errichtet wird
- ich den goldenen Schluessel Ihrer schoenen Stadt erhalte

Ich freue mich schon jetzt auf Ihre baldige Antwort!
Mit freundlichen Gruessen!

Claire Al-Salami   11/11/97

STADT MÜHLDORF A. INN

STADT MÜHLDORF A. INN • POSTFACH 20 01 63
84441 MÜHLDORF A. INN

Frau
Hafidh Ahmad Muhammad Othman Addullah Bin Abd
Nagi Faisal Hamad Fawzi Faisal Al-Salami

Ihre Zeichen Ihre Nachricht vom 11.11.1997	Unsere Zeichen: (bitte bei Antwort angeben) SG 23/323/8-2 Ham	Durchwahl Nr.: 08631 / 612 225	Zimmer Nr.: 06	Mühldorf a. Inn 04.12.1997

Schiffsunglück an der Innbrücke 1648, Küchensilber des Kurfürsten Maximilians I

Sehr geehrte Frau Claire Al-Salami,

die von Ihnen geschilderte Geschichte ist mir natürlich längst bekannt.

Der Stadtfischer Franz Mareis, der 1925 acht Teller fand, hat noch auf seinem Totenbett flüsternd den genauen Fundort der Teller und des gesamten Silberschatzes meinem damaligen Amtsvorgänger Hans Hess anvertraut. Noch im Todeskampf zeichnete Franz Mareis mit zitternder Hand die Fundstellen auf einer Karte ein.

Leider sind damals durch geheimnisvolle Umstände Teile dieser Karte verschwunden, so daß seit jener Zeit bei jedem Amtswechsel des Bürgermeisters dieses Geheimnis nur nach Druiden Art von Ohr zu Ohr weitergereicht werden kann. Nur der jeweilige amtierende Bürgermeister und vier weise Männer der Stadt wissen von der Existenz des Schatzes und seine ungefähre Lage.

Die von Ihnen kürzlich gefundene Karte dürfte daher das seit 1925 verschwundene Teilstück des ganzen Lageplans sein. Durch das Zusammensetzen beider Kartenteile, könnte man nun den gesamten Umfang des Schatzes und vor allem seine genaue Lage genau lokalisieren.

Es war damals jedoch der Wunsch von dem menschlich so hoch geschätzten Franz Mareis, daß der Schatz nie gehoben und veräußert wird, sondern der Stadt Mühldorf vielmehr als Notgroschen für harte und elendige Zeiten dient.

Sollte die Stadt einmal durch widrige und unglückliche Umstände finanziell nicht mehr in der Lage sein, z.B. einen kleinen und bescheidenen Empfang für unser Faschingsprinzenpaar geben zu können, was aber Gott verhüten möge, bestünde die Möglichkeit auf diese eiserne Geldreserve zurückzugreifen.

HAUSADRESSE: BESUCHSZEITEN: FERNSPRECHER: KONTEN:
Stadtplatz 21   Mo-Fr 8.00 bis 12.00 Uhr   08631/612-0   Kreissparkasse Mühldorf a. Inn (BLZ 711 510 20) Kto.Nr. 91

Dank der weisen, fürsorglichen und soliden Amtsführung meiner Vorgänger mußte in den vergangenen Jahrzehnten nie von dieser Möglichkeit Gebrauch gemacht werden. Das bis jetzt uns bekannte kurfürstliche Tafelsilber befindet sich deshalb noch vollzählig an einem sicheren Ort.

An diesem Zustand wird sich auch in den nächsten Jahrzehnten und Jahrhunderten nichts ändern.
Vielmehr werde ich Sorge tragen, daß wenn ich einmal aus Altersgründen die Amtsführung an meinen Nachfolger abgegeben habe, der Schatz immer noch vollzählig und gut behütet vorhanden ist.

So ist eine zukunftsreiche und glückliche Entwicklung für unsere Stadt und für das Wohl meiner Bürger gewährleistet.

Trotzdem wäre es natürlich für uns sehr hilfreich, wenn wir mal beide Kartenteile zusammenlegen könnten, um uns über den Wert und die Menge des gesamten Silberschatzes ein anschauliches und genaues Bild machen zu können.

Der Anlaß dafür könnte ein kleines zünftiges bayerisches-arabisches Freundschaftsfest mit Blasmusik und Bauchtanz sein. Dabei könnte man sicherlich über das eine oder andere noch reden. Bei diesem Fest würden selbstverständlich auch Ihre anerkennenswerten Dienste eine entsprechende Würdigung finden.

Mit freundlichen Grüßen

Günther Knoblauch
1. Bürgermeister

Hafidh Ahmad Muhammad Othman Abdullah
Bin Abd Nagi Faisal Hamad Jawzi Al Salami
Château des Cinglés – Dubai (U.A.E.)
Fax: (++1-801) 751-7857 - E-mail: sheikh_al_salami@hotmail.com

/

PERSÖNLICH UND SEHR VERTRAULICH!
Herrn
Wolfgang Joop
Harvesthehuder Weg 22
D-20149 Hamburg (Deutschland)
FAX: (0049-40) 4480-3818

Lieber Wolfgang Joop:

Ich sitze allein in meiner Wohnung am Central Park und bin einsam.
Mein Mann Hafidh ist vor wenigen Wochen von mir gegangen – der
Tod kam unerwartet, aber er mußte wenigstens nicht leiden. Für
mich ist das tröstlich. Meine Tränen versiegen jetzt langsam. In dieser schweren Zeit sind meine herrlichen Kleider, die Hafidh bei Ihnen
für mich erstand, ein Grund, nicht zu verzweifeln und nicht zu vergessen, daß es ein Morgen gibt. Ich danke Ihnen dafür!
Aber was sind Worte, wenn es Taten gibt, die begangen werden können? Mein Mann hinterließ mir ein stattliches Vermögen, und ich bin
zu alt, um das Geld, das ich jetzt mein eigen nenne, allein ausgeben
zu können. Andererseits bin ich nicht die Frau, die Millionen ihrer
Katze vererbt (ich habe auch keine, weil ich gegen Katzenhaare allergisch bin) oder es dem Stadtsäckel überläßt. Ich möchte den Menschen Freude bereiten, denen ich schöne Stunden in meinem Leben
verdanke. Sie gehören ganz sicher dazu! Bitte, erlauben Sie mir daher, Sie zu fragen, ob Sie mein persönliches Geschenk annehmen.
Ich möchte Ihnen aus dem ererbten Vermögen von Sheikh Hafid Al
Salami eine Million Euro hinterlassen. Sie würden mich glücklich machen, wenn Sie Ja sagen würden. Vielleicht können wir ja mit einem
Glas Champagner auf bessere Tage anstoßen! Bitte, lassen Sie mich
wissen, ob und wohin ich Ihnen den Privatjet schicken kann, um Sie
zur Übergabe des Geldes nach New York und wieder zurück fliegen
zu lassen! In tiefer Dankbarkeit für die Zeit, in der ich mein Leid dank
Ihrer vergessen durfte!
Ihre

Claire

wunderkind.art

telefax

an/to:	Claire
fax-nr./fax-no.:	001/801/751 7857
von/from:	Wolfgang Joop
datum/date:	09.07.01
anzahl der seiten/ no. of pages:	1
betreff/subject:	Ihr Fax vom 28. Juni 2001

Liebe Claire,

eigentlich glaube ich nicht mehr an den Weihnachtsmann, auch nicht an „seine Frau".

Aber ich freue mich auf das Glas Champagner mit Ihnen in New York. Dort bin ich ab Mitte August und bin gespannt, Ihre ganze Geschichte zu hören!

Bis dahin,

Ihr

NEUE ADRESSE
ab 01.05.2001
Wunderkind Art GmbH & Co. KG
Seestrasse 35-37
14467 Potsdam

Ħafidh Ahmad Muhammad Othman Abdullah Bin Abd
Ragi Faisal Hamad Fawzi Faisal Al-Salami

PERSOENLICH! VERTRAULICH!

An die
Direktion
QUEENS HOTEL ADMIRAL
Via Geretta 15
CH-6902 Lugano Paradiso
FAX: (0041-91) 994-2548

Sehr geehrte Damen und Herren:

Wir suchen fuer einen ausgefallenen Urlaub in den Bergen noch ein geeignetes
Quartier. Dabei ist fuer uns folgendes von grosser Bedeutung:

1. Unsere kleinen Engel, Peterchen und Knolle, 7 und 9 Jahre jung, sollen auf
   ihren gewohnten Stammtisch nicht verzichten. In Abu-Dhabi treffen sie sich
   einmal pro Woche mit Schulfreunden zu einer Sause mit Dom Perignon und genuegend (verschnittener!) Opium fuer die obligatorische Wasserpfeife.
   Finden meine beiden Engel bei Ihnen junge, froehliche Menschen ohne Vorurteile, zum Beispiel auf der Uferpromenade, die ja nicht weit von Ihrem Hotel entfernt ist?

2. Wir reisen <u>immer</u> mit unserem Paradiesvogel. Er heisst Adam, weil er naemlich
   unglaublich gern Aepfel isst, am liebsten natuerlich Paradiesaepfel. Gibt's
   die bei Ihnen? (Schliesslich liegt Ihr herrliches Hotel ja in Paradiso,
   nicht wahr?)
   Wuerden Sie unseren Vogel mit aufnehmen? Wir wuerden natuerlich Ihre beste
   Suite mieten und ca. vier Wochen bleiben.

Last not least: Haben Ihre Suiten ein indivuelles Whirlpool? Dann wuerde sich
naemlich der etwas unhandliche Kaefig fuer Adam eruebrigen. Er koennte dann in
der Badewanne schlafen (im Stehen) und dort auch baden. Oder ist die Benutzung
der beiden Pools fuer Adam erlaubt????

    In Erwartung Ihrer baldigen Antwort - wir moechten gern schon im Januar
1998 kommen!

Claire Al-Salami   13/12/97

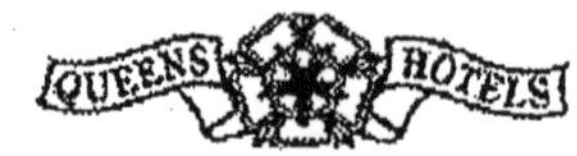

HOTEL ADMIRAL LUGANO

VIA GERETTA 15   CH-6902 LUGANO-PARADISO
TEL. 091 994 23 24   FAX 091 994 25 48
☆ ☆ ☆ ☆

| MESSAGGIO   FAX   MESSAGE |

Für / to:	Claire Al Salami, München
Fax No.:	0049 89 6491 4163
Datum / date:	15. Dezember 1997/CT/ub
Kontakt:	Claudio Tamè
Seite(n) / pages:	2
Betr. / re.:	**Offerte**

Sehr geehrte Frau Al Salami,

Lugano ist ein ausgefallener Urlaubsort, jedoch nicht in den Bergen sondern am See. Da Sie mit Engeln und Vögeln reisen, wird es nicht schwer sein über See und Berge zu fliegen.....

Uebrigens hat der Unterzeichnende ebenfalls einen grossen Vogel und seine Angestellten leiden sehr darunter, ist sehr fröhlich, trinkt frisches Quellwasser und raucht nur die Friedenspfeife. Tessiner Kinder jedoch kennen Baccus ganz gut: sie kriegen einen Schuss Schnaps, zum einschlafen, in der Schoppenflasche. Opium ist auch hier in der Gegend nicht unbekannt und kann problemlos besorgt werden.

Der Unterzeichnende ist Bauernsohn und produziert schöne Granatäpfel und Golden Delicious. In seinem Hof hat Ihr Adam mit seinem Gustli (einem Landvogel) viel zu singen und viel Platz um seine die Stadtpsychose loswerden. Menschen und Vögel könnten in seinem Teich baden und im Stehen schlafen denn er ist tief.....

Auf unserem 2. Blatt sagen wir Ihnen, was das alles kostet.Extras exlusive

<u>gültig bis zum 31. März 1998</u>

2 schöne Doppelzimmer mit Bad/WC und Verbindungstür

Fr. 245.-- für die Erwachsenen pro Tag
Fr. 175.-- für die Kinder pro Tag

In unseren Preisen ist ein sehr schönes Frühstücksbuffet, Service, Taxen sowie die Benützung unseres Hallenbades inbegriffen.

Alle unsere Zimmer sind mit Bad/WC , Klimaanlage, Direktwahltelefon, Radio, Kabelfarbfernseher mit 30 Programmen, Minibar, Hosenpresse und Haarfön ausgestattet. Im weiteren verfügen wir über eine Sauna, Fitnessraum, Solarium.

Solllte Ihnen unsere Offerte zusagen würden wir uns über einen raschen Entscheid ihrerseits sehr freuen.

Mit freundlichen Grüssen
HOTEL ADMIRAL LUGANO

Claudio Tamé
Empfangschef

PS. Grüssen Sie Ihren Adam von mir

Ḥafidh Aḥmad Muhammad Othman Abdullah Bin Abd
Ragi Faisal Ḥamad Fawzi Faisal Al-Salami

PERSOENLICH! VERTRAULICH!

An die
Geschaeftsleitung
DR. AUGUST OETKER NAHRUNGSMITTEL
Lutterstrasse 14
33617 Bielefeld

Sehr geehrte Damen und Herren:

Mein Mann und ich legen auf Hygiene und Reinlichkeit peniblen Wert. Unser Palast in Saudi-Arabien hat 86 Salons und 43 Badezimmer. Diese sind mit allen
Schikanen ausgestattet:

Rotordusche mit ausfahrbaren Vibratoren zur Koerpermassage
Selbst-spuelende Bidets mit einstellbarer Vaginaldusche
Triple-Waschbecken aus marokkanischen Kacheln
Spiegeldecken mit Antibeschlag-vorrichtung

Probleme hatten unsere Angestellten lange Zeit mit der Sauberhaltung der Fugen zwischen den hollaendischen Fliesen. Saemtliche Baeder sind, natuerlich,
decken-hoch gefliest. (Delfter Porzellan!) Ihnen ist sicher bekannt, dass sich
die Fugen mit der Zeit verfaerben (Pilzbefall?). Die gaengigen Putzmittel hal-
fen, aber befriedigten mich nicht richtig. Bis eine unserer Angestellten auf
den Einfall kam, eine spezielle Tinktur anzufertigen, die - halten Sie sich
fest - aus nichts anderem besteht als aus Wasser und DR. OETKER Backpulver!

Was fuer ein Erfolg! Welch Scheinen in unserem Bad! Wir waren verbluefft
und sind es noch heute. Ich gab Anweisung, von nun an nur noch DR. OETKER BACK-
PULVER als Fliesenreiniger zu benutzen. Was sagen Sie dazu?

Waere das nicht eine tolle Story fuer das rtl-Magazin "Life"? Darf ich bei Ihnen vorbeikommen und Ihnenm ein "DR.OETKER'S FLIESEN-SPRAY" praesentieren? In
Ihrer Puddingfabrik gibt es doch sicherlich auch Badezimmer oder Toiletten, in
denen wir die verblueffende Wirkung ausprobieren koennen???

In der Hoffnung, bald von Ihnen zu hoeren, mit freundlichen Gruessen!

Claire Al-Salami   17/11/97

Dr. August Oetker
Nahrungsmittel KG
Öffentlichkeitsarbeit
und Information
Dr. Rolf Mühlmann

Telefon: 0521/155-2619
Fax: 0521/155-2995

Frau
Claire Al-Salami

20. November 1997

Sehr geehrte Frau Al-Salami,

vielen Dank für Ihr freundliches Schreiben und die Darstellung Ihres Zweit-Haushaltes in Saudi-Arabien. Wir freuen uns mit Ihnen über die ausgezeichneten Wohn- und Hygiene-Bedingungen, die Sie sich dort schaffen konnten.

Als Lebensmittelhersteller berücksichtigen wir, wie Sie sicherlich verstehen, keinen tatsächlichen oder vermeindlichen Zweit-Nutzen eines Produktes. Unsere Produkte sind ausschließlich zum Verzehr bestimmt. Allein darauf richten sich unsere Quali-tätssicherungsmaßnahmen, Rezepte etc.

Mit freundlichen Grüßen

Dr. Rolf Mühlmann

Hafidh Ahmad Muhammad Othman Abdullah
Bin Abd Nagi Faisal Hamad Jawzi Al Salami

Château des Cinglés – Dubai (U.A.E.)
Fax: (++1-801) 751-7857 - E-mail: sheikh_al_salami@hotmail.com

PERSÖNLICH UND SEHR VERTRAULICH!
Herrn
Dieter Thomas Heck

FAX: (0049-7841)

Mein lieber Dieter:

Hoffentlich erreicht Dich meinFAX. Du gabst mir im „Grand" in Berlin Eure private Telefonnummer, aber ich habe sie ebenso verschlampt wie Eure Anschrift.

Hafidh ist tot! Er hat in den letzten Monaten sehr gelitten, darum ist es für ihn sicherlich das Beste. Der Schock, plötzlich allein zu sein, und dann noch hier im (immer noch) kalten New York, sitzt tief. Aber das Leben geht weiter. Hafidh mochte Dich, du und Ragnhild wißt es. Er mochte auch Eure Tochter, glaubte fest an Saskias Begabung für Mode und Design. Ist sie immer noch in England? Geht es ihr gut? -
Hafidh's letzter Wille ist mir heilig, und es freut mich, daß er auch Euch beide in seinem Testament bedacht hat: Du weißt, er sammelte Immobilien wie andere Menschen Kinder. Ich glaube, Grundbesitz war für ihn so etwas wie ein Ersatz für Kinder, die wir ja nie bekommen konnten.
Ich will es kurz machen: Eure Insel liegt in der Karibik, mit dem Flugzeug gut zu erreichen. Der Strand ist 4 Kilometer lang. Es gibt Kokospalmen, Kapuzineraffen, viele Papageien und eine typische Villa im Kolonialstil. (Mir sind ja zu viele Säulen vor der Auffahrt, aber Hafidh liebte es pompös!) Das Haus hat vier Schlafzimmer/Bäder, ein Pool innen und außen (mit Meerwasser!), Kino (Hafidh sammelte alte Hollywood-filme!) und ein Riesenaquarium mit tropischen Fischen. Könnt Ihr beide für die Übertragung der Grundbuchpapiere nach NY kommen? Wann? Ich möchte so schnell wie möglich nach Hause! – Ach ja, zum Haus gehört auch ein Riva-Boot, mein Mann benutzte es nie, er nahm lieber den Hubschrauber zum Festland. – Auto gibt es keines, aber ein Dutzend Fahrräder und ein Tandem, auf dem wir uns beide abstrampelten!
Ich freue mich auf Eure rasche Antwort und ein baldiges Wiedersehen!

Claire

DITO Multimedia Produktions-GmbH

Schloß Aubach / Aubachweg 2
Postfach 1154
77886 Lauf (Baden)
Telefon 07841
Telefax 07841

Mrs. Claire Al Salaui
per Fax: ++ 1-801-751-7857   17.4.01

Liebe Mrs. Claire,
über unser Büro haben wir heute nach
Spanien das Fax zugeschickt bekommen,
in dem uns der Tod von Hafield
Al Salaui mitgeteilt wird und
gleichzeitig die Information über
das Erbe einer Karibik-Insel.
Zunächst bitte ich zu entschuldigen,
daß ich Ihr Schreiben handschriftlich
beantworte, aber wir sind im Urlaub
und ausnahmsweise ohne Laptop.
Ich hoffe, Sie sind uns nicht böse,
daß wir über den Inhalt des Faxes
völlig ratlos sind damit gar nichts anfangen können. Es kann durchaus
sein, daß wir uns in Berlin getroffen
haben und miteinander gesprochen
haben. Wenn dem so war, dann bitten
wir um Entschuldigung dafür, daß
uns der Name al Salaui im Moment

DITO Multimedia Produktions-GmbH

Schloß Aubach / Aubachweg 2
Postfach 1154
77886 Lauf (Baden)
Telefon 07841
Telefax 07841

Seite 2

überhaupt nichts recht.

Was uns völlig überrascht ist die
Mitteilung, daß aufgrund einer
kurzen Begegnung, wir nun plötzlich in einem Testament bedacht
sein sollen.

Wir hoffen, daß Sie nicht enttäuscht
oder traurig sind, wenn wir Ihnen
sagen, daß wir dieses, sicherlich großzügige, Angebot nicht annehmen
können. Vielleicht schreiben Sie uns,
zum besseren Verständnis, wann +
wo wir uns kennen gelernt haben,
damit wir uns ein besseres Bild machen
können. Wir bedanken uns recht
herzlich für diese großzügige Geste
und sind sicher, daß Sie vielleicht
anderen Menschen (karitativ!) damit
eine große Freude machen können.

Ihre Familie Herz

Ḥafidh Ahmad Muhammad Othman Abdullah Bin Abd
Ragi Faisal Hamad Fawzi Faisal Al-Salami

PERSOENLICH! VERTRAULICH!

An die
Geschaeftsleitung
VIVIL
Postfach 2580
77615 Offenburg
FAX: (0781) 47.87.5

Sehr geehrte Damen und Herren:

Wir haben die Absicht, bei uns in Saudi-Arabien eine Firma mit dem Namen VIVIL zu etablieren. VIVIL bedeutet in der kyrgisischen Sprache "putzmunter", entstammt also dem alltaeglichen Sprachgebrauch und ist daher wohl kaum schutzfaehig.

VIVIL wird sich auf die Herstellung von umweltfreundlichen Oelbesen spezialisieren, die bei uns insofern gefragt und nuetzlich sind, weil ja fast jeder in seinem Garten eine eigene Oelquelle besitzt. Spritzflecke auf dem Rasen sind also kaum zu vermeiden und sehen unschoen aus.

Auch in Hinblick auf unser Produkt setzen wir uns ja sehr von VIVIL ab. Wir produzieren keine Pfefferminzbonbons, die bei uns ohnehin keine Chance haetten, weil wir ja unseren herrlich-erfrischenden Pfefferminztee haben!

Unsere Werbe- und Marketingspezialisten sind deswegen von dem Namen VIVIL so angetan, weil er eben "Putzmunter" bedeutet. Fuer einen Oelbesen gibt es wohl kaum einen geeigneteren Namen.
Wir senden Ihrer Rechtsabteilung gerne die bei uns bereits genehmigten Entwuerfe fuer Logo, Markennamen und Briefkopf zu.

Sollten Sie irgendwelche Einwaende haben, was wir nicht glauben, darf ich zur Vermeidung unnoetiger Komplikationen um Ihre umgehende Stellungnahme bitten!

Mit freundlichen Gruessen!

Claire Al-Salami   13/12/97

Moltkestraße 33
D-77654 Offenburg
Telefax   0781/478-75
Telefon   0781/478-0
Durchwahl   /478-

Deutsche Bank AG Offenburg
Konto-Nr. 424 200
(BLZ 664 700 35)
Dresdner Bank Offenburg
Konto-Nr. 720 928 900
(BLZ 680 800 30)
Sparkasse Offenburg/Ortenau
Konto Nr. 5993
(BLZ 664 500 50)
Postbank Karlsruhe
Konto-Nr. 1466751
(BLZ 660 100 75)
Volksbank Offenburg
Konto Nr. 27.170.00
(BLZ 664 900 00)

MÜLLER GMBH & CO. KG · POSTFACH 2869 · D-77618 OFFENBURG

ILN-Betriebs-Nr. 40 20 400 000 000

UST.-Id.-Nr. DE 142540239

Frau Claire Al-Salami

Sigrid Schmalacker
- Sekretariat -

rom ....

o. ....

√Date 22.12.1997/Schm

incl. Deckblatt
pages incl. cover   01

Sehr geehrte Frau Al-Salami,

wie schön, daß wir jetzt wissen, wie in der
arabischen Welt unser Markenname übersetzt
wird. Bisher wurden wir noch von keinem Kunden
darauf aufmerksam gemacht.

Wir glauben zwar nicht, daß unsere beiden
Produkte kollidieren könnten, doch würden wir
gern die Entwürfe, Logo und Briefköpfe vorliegen
haben, bevor wir eine endgültige Entscheidung
treffen.

Sehr angenehm wäre es auch, wenn Sie uns ein
Exemplar Ihres umweltfreundlichen Oelbesens zur
Verfügung stellen könnten, vielleicht wäre er ja
auch in unserem Betrieb einsetzbar, da wir doch
auch mit Oel (von der Pfefferminze) arbeiten.

Wir möchten Sie noch darauf aufmerksam machen, daß
unser Betrieb nun bis einschließlich 6.1. geschlossen
ist.

Mit freundlichen Grüßen
V I V I L A. MÜLLER GMBH & CO. KG

i.V. Sigrid Schmalacker

ẞafidh Ahmad Muhammad Othman Abdullah Bin Abd
Ragi Faisal ẞamad Fawzi Faisal Al-Salami

PERSOENLICH! VERTRAULICH!

An das
Oberkommando der
SPRAY-POLIZEI
c/o VKS Hamburg
FAX: (040) 2999-4040

Sehr geehrtes Oberkommando:

Mit grossem Interesse haben wir von Ihrer Aktion gegen unerwuenschte Graffitti
auf Fassaden von Wohngebaeuden erfahren. Und ist an einer Zusammenarbeit sehr
gelegen.

Wir besitzen im Bayerischen Wald ein Areal von ca. 3 Quadratkilometern
Wald. Besonders die Baeume in der Naehe von Ortschaften sind durch Kreide- und
Malkritzeleien verliebter Paerchen empfindlich verunstaltet.

Manche Idioten haben auch Sinnsprueche mit Farbe aufgesprueht. Wir finden das
gar nicht witzig!

Was berechnen Sie fuer das Entfernen von Graffitti-schaeden pro Baum?
Wann kann mit der Arbeit begonnen werden?
Koennen Sie auch eingeritzte Herzchen, Initialen und Aehnliches entfer-
nen?

Es waere schoen, moeglichs bald von Ihnen zu hoeren, da mein Mann auf radikale
Beseitigung dieser Umwelt-banausitaeten draengt, zumal die Wintersaison vor
der Tuer steht, und die Baeume sinnvoll gezeichnet werden sollen, um dem Wild
den Weg zu Futterkrippen aufzuzeigen.

Mit freundlichen Gruessen,

Claire Al-Salami   17/11/97

Fax-Nummer: <u>089/6491-4163</u>

Empfänger:

<u>Frau Claire Al-Salami</u>

gegebenenfalls

Abtlg.: -

z.Hd. : Frau Al-Salami

Datum : Donnerstag, 4. Dezember 1997

Seiten : 1

VKS
Versicherungsmakler GmbH
Geschäftsführer Carsten Möller
Hamburger Straße 205
22083 Hamburg

☎ 040/29 99 400
📠 040/29 99 40 40

Achtung:
Im Fall von Übertragungsfehlern
rufen Sie bitte an.
Vielen Dank!

Betreff: Graffitischäden auf Bäumen

Sehr geehrte Frau Al-Salami,

leider ist mir Ihr Fax vom 17.11.1997 nicht vorgelegt worden, so bin ich erst durch Ihre Erinnerung vom 02.12.1997 auf die bedauerliche Notlage Ihres Waldareals aufmerksam geworden.

Natürlich möchte ich mich auch im Namen meiner Mitarbeiter für die Beförderung zum Oberkommando der Spray-Polizei bedanken, fürchte jedoch, daß wir diesem Anspruch nicht gerecht werden können.

Tatsächlich bieten wir lediglich eine **Versicherung** für die Beseitigung von Graffitischäden an, und auch nur, wenn diese **Wohngebäude** verunzieren. Sollten Sie also ebenfalls ein Areal von Wohngebäuden besitzen, sind wir sicher Ihr richtiger Ansprechpartner.

Hinsichtlich der traurigen Schändung Ihres Baumbestandes, besonders im Hinblick auf die bevorstehende Fütterungssaison, können wir Ihnen mit unserem Angebot leider konkret nicht behilflich sein.

Aber es besteht vielleicht die Möglichkeit, daß rein technisch, wenngleich auch ohne Versicherungsschutz, Graffiti ebenfalls von Bäumen entfernt werden können. Das ist natürlich auch eine Frage des Preises.

Nun arbeiten wir ja eng mit einer Firma zusammen, die Spezialist auf dem Gebiet der Graffiti-Beseitigung ist. Das ist die Firma EBELING, Anti-Graffiti-Mobil, Usedomstraße 23, 22047 Hamburg, Telefon: 040/66 86 07 – 21, Telefax: 040/66 86 07-11. Ansprechpartnerin in dieser Firma ist Frau Uta Rau.

Frau Rau erhält von uns per Fax eine Kopie Ihres Schreibens. Möglicherweise kann sie Ihnen helfen, da die Firma EBELING ihre segensreiche Tätigkeit bundesweit ausübt. Da die Wintersaison nun wirklich unmittelbar vor der Tür steht, empfehle ich Ihnen, sich vielleicht auch einmal direkt mit der Firma EBELING in Verbindung zu setzen.

Mit freundlichen Grüßen
VKS Versicherungsmakler GmbH

Ebeling „Anti-Graffiti" Service GmbH
Usedomstraße 23   22047 Hamburg
Frau
Claire Mortadella

— per Telefax —

Guten Tag Frau Mortadella,

mit größter Aufmerksamkeit registrierten wir Ihr Fax vom 17. November 1997 mit der Anfrage Graffiti von den Bäumen Ihres Waldareals zu entfernen. Das Besprühen von Bäumen bzw. dessen empfindlicher Rinde mit singumativen Lebensweisheiten und Liebesschwüren ist ein ungeheuerlicher Skandal!

Wir, geschätze Frau Mortadella (oder war es doch die Mettwurst?), haben selbstverständlich eine intelligente und adäquate Lösung für Sie! Unsere Methodik ist einfach, radikal und effektvoll:

Wir sägen die Bäume schlicht und einfach ab!

Mit dieser Maßnahme eliminieren wir auf einfachste Weise die gesamte Problematik. Keine Baumrinde kann mehr unansehnlich und ranzig werden, weil es keine Baumrinden mehr gibt! Übrigens, nicht nur Baumrinden können ranzig werden, Hirnrinden auch!
Außerdem erübrigen sich somit automatisch die Hinweisschilder für das Wild, da kein einziger Baum mehr den Blick auf die Lage der Futterstellen verwehrt.

Selbstverständlich können wir Ihnen auch eine Alternativmethode anbieten: An strategisch günstigen Punkten stellen wir in Ihrem Waldgebiet sogenannte *„Graffiti-Guards"* auf (hier handelt es sich um speziell ausgebildetes Wachpersonal), die, sobald sie einen jener Schmierfinken erwischen, dem Übeltäter die rechte Hand abtrennen (bei Linkshändern wird die linke Hand amputiert). Diese Methode widmet sich also mehr der Ursachenbekämpfung.

Für welchen unserer Vorschläge Sie sich entscheiden ist erstens Ihre Angelegenheit und zweitens Geschmackssache. Unser Honorar berechnet sich denkbar simpel:
Pro gefälltem Baum kalkulieren wir DM 250,00 / pro abgehackter Hand DM 185,00.

Wir wünschen Ihnen ein frohes Weihnachtsfest und verbleiben

mit freundlichen Grüßen
EBELING „Anti-Graffiti" Service GmbH

i. A. Alexandra Gossmann

Ħafidh Ahmad Muhammad Othman Abdullah Bin Abd
Ragi Faisal Ħamad Fawzi Faisal Al-Salami

Herrn
Dr. Michael Otto
Versandhaus-Chef
Wandsbeker Strasse 5-7
22179 Hamburg
Fax: (040) 646-1449

Sehr geehrter Herr Dr. Otto:

Ich bin erschuettert!
Mein Mann und ich kamen vor wenigen Tagen unerwartet frueher nach Hause und
ertappten unsere 14-jaehrige Tochter Johannita, wie sie sich mit einem Vibrator
vergnuegte. Entsprechend zur Rede gestellt eroeffnete sie uns zu unserer Ueber-
raschung, sie habe sich das gute Stueck aus dem neuen OTTO-Katalog bestellt.
Tatsaechlich:
Die Doppelseite 1188/1189 zeigt nicht nur besagten POWER VIP MULTI-ORGASMUS
VIBRATOR MIT 4 AUFSAETZEN FUER ALLE BEREICHE sondern auch andere Sex-spiel-
zeuge, wie LIEBESZAUBER UNIVERSAL STIMULATOR und PENISSATTEL!

Bitte, verstehen Sie mich nicht falsch, geehrter Herr Versandhaus-Chef:
Ich persoenlich finde Ihren Katalog Klasse und fuer Bestellungen aus dem trau-
ten Heim grossartig und preiswert! Aber haetten Sie nicht darauf achten koennen, besagte Doppelseite mit SEX-Artikeln in der Mitte Ihres schoenen Kataloges
zusammengeheftet zu plazieren, zum Beispiel mit dem Hinweis "Achtung, nur fuer
Erwachsene!" so dass besorgte Eltern wie wir sie muehelos entfernen koennen,
bevor sie von Minderjaehrigen entdeckt wird????

Nicht, dass ich unserer Johannita keinen Orgasmus goenne. Aber es gibt
sicherlich Kinder, die durch derartige Sexartikel in Ihrem Katalog einen ge-
hoerigen Schock fuers Leben erleiden koennten. (Scharfmachertropfen und Mini-
muschi beduerfen doch, glaube ich, der Vorbereitung durch gezielten Sexualun-
terricht!) Von der Tatsache abgesehen, dass in unserem Land die Jungfernschaft
noch etwas bedeutet, und falsche Anwendung eines 20 cm langen Vibrators (Angebot # 29) diese ungewollt gefaehrden koennte!

Ich weiss nicht, ob Sie selbst Vater sind. Aber wenn, werden Sie diesen Brief
hoffentlich als positive Anregung empfinden, besagte Doppelseite zukuenftig als
verschlossene "Geheimsache" zu deklarieren.

Es waere schoen, von Ihnen zu hoeren! Und ich freue mich schon auf den
OTTO Fruehjahrskatalog zum Bestellen!

Ihre besorgte

Claire Al-Salami   3/11/97

PER TELEFAX

Frau
Claire Al-Salami   13. November 1997

Sehr geehrte Frau Al-Salami,

Ihr an Herrn Dr. Otto gerichtetes Telefax vom 05.11.97 wurde uns zur abschließenden Bearbeitung übergeben.

Mit Bedauern haben wir Ihrem Brief entnommen, daß es im Zusammenhang mit unserem Hauptkatalog zu einer Verärgerung gekommen ist. Ihre Gefühle und Besorgnis können wir durchaus verstehen.

Die von Ihnen geäußerte Kritik ist angekommen und wird von uns auch ernst genommen. Alle Reaktionen zu diesen Seiten werden wir sorgfältig auswerten und die Ergebnisse in unsere Entscheidung über die zukünftige Gestaltung dieses Sortiments einfließen lassen.

Für ein Versandhaus mit breitem Sortiment und einem Warenangebot von über 100.000 Artikelpositionen besteht leider auch das Risiko, nicht immer allen individuellen Wünschen und Ansprüchen gerecht zu werden.

Auch wenn die Nachfragen und Bestellungen vieler Kunden ein sehr starkes Interesse an den Artikeln dieser Seiten bestätigen, akzeptieren und respektieren wir Ihre Meinung.

Selbstverständlich werden bei der Gestaltung des Angebotes alle gesetzlichen Auflagen erfüllt. In unseren Katalogen befinden sich keine als jugendgefährdend einzustufenden Artikel. Darüber hinaus verzichten wir auf indizierte, aber nicht verbotene Produkte.

Wie Sie uns mitgeteilt haben, hat Ihre Tochter die Bestellung selbst getätigt. Es wäre nett, wenn Sie uns die Kundennummer, ihren Namen und die vollständige Anschrift mitteilen würden, damit wir noch einmal eine eingehende Überprüfung vornehmen können. Ihre Mitteilung senden Sie bitte an die Faxnummer 040/64611603.

Momentan bleibt uns nur, Sie und Ihren Mann um Entschuldigung zu bitten.

Mit freundlichen Grüßen aus Hamburg
        Kundenservice

- Vera Heft -   - Beate Schwab -

Otto Versand (GmbH & Co), AG HR B 13 762, vertreten durch: Dr. Peter Müller. Gert Rietz. Postanschrift:

Ĥafidh Ahmad Muhammad Othman Abdullah Bin Abd Ragi Faisal Ĥamad Fawzi Faisal Al-Salami

PERSOENLICH! VERTRAULICH!

An die
Kreativleitung von
LE COUP - Frisiersalon -
Theatinerstrasse 23
80333 Muenchen

Sehr geehrte Damen und Herren:

Selbst im fernen Dubai haben mein Mann und ich von Ihren Schneider-kuensten gehoert! Fernschriftlich bat mich mein Mann, mit Ihrem Salon folgende Fragen im Voraus abzuklaeren:

Wir veranstalten im Fruehjahr einen Kostuemball in Gstaad. Motiv unserer Veranstaltung: Die Lieblinge der High Society und Snobiety. Alle Gaeste kommen mit ihren <u>verkleideten</u> Tier-favoriten, darunter

Siegfried und Roy mit zwei weissen Tigern
Esther Schweins mit ihrer Bordeaux-Dogge
New York's Buergermeister Giuliani mit seinem Dalmatiner
Madonna mit ihrem West Highland-Terrier
Babykost-Chef Claus Hipp mit zwei irischen Wolfshunden
Model Tatjana Palitz mit ihrem Husky

Mein Mann und ich lassen unsere Gorilla-familie einfliegen. Dazu gehoren zwei Weibchen, die mein Mann nach den Dreharbeiten zu "Gorillas in the Mist" dem Studio abkaufte. Und um diese beiden Tiere, sie heissen uebrigens KURZ und BUENDIG, geht es. Wir moechten sie besonders herausputzen und auffallend frisieren und denken in etwa an den irren Haarstil, mit dem seinerzeit die Regensburger Prinzessin Gloria Furore machte. (Die gesamte Affenfamilie wird im Rokoko-stil kostuemiert - koennen Sie in diesem Zusammenhang jemanden empfehlen?)
Koennen Sie ein erfahrenes Coupé-team fuer zwei Tage/Naechte abstellen?
Ist gewaehrleistet, dass KURZ und BUENDIG wirklich stil-echt frisiert werden?
Koennen Sie eventuell auch ein paar Straehnen einfaerben, ohne dass es unseren Tieren schadet?
Kommen Sie mit einem Studio-wagen mit Frisierbesteck, Trockenhaube usw. oder muessen Geraete gestellt werden?

In Erwartung Ihrer umgehenden Antwort und mit freundlichen Gruessen!

Claire Al-Salami   17/11/97

TELEFAX

Absender:

LE COVP Verwaltung
Neureutherstraße 16
80799 München

Telefon: 089-271 40 88
Fax: 089-271 40 89

von: Sigi Jortzik

Empfänger: Claire Al-Salami

Firma:

FaxNr.:

Datum: 19.11.1997

Dieses Telefax hat __1_ Seite(n) (incl. dieser Seite).

Bitte benachrichtigen Sie uns sofort bei unvollständiger Übermittlung !

Sehr verehrte Frau Al-Salami,

vielen Dank für Ihr und Ihres Mannes Vertrauen in unsere Cut und Style
Möglichkeiten. Wir haben alle begeistert den Film "Gorillas in the Mist"
gesehen. LE COVP Friseur Gerhard Meir und sein Team fühlt sich so einer
ungewöhnlichen Aufgabe wie hier beschrieben durchaus gewachsen. Wir sind
uns sicher die beiden Gorillen Damen "Kurz & Bündig" stil und mottogerecht
nach Ihren Wünschen zu stylen. Wie in solchen Fällen üblich würden wir von
den beiden Damen "Kurz & Bündig " Fotos benötigen, am besten in
verschiedenen Positionen - ein Art Model Setcard. Auch wäre es sehr hilfreich,
wenn wir einige Haarproben von "Kurz & Bündig" bekommen könnten, um
Farbtests zumachen, die wir Ihnen dann zu Ihrer Beurteilung vorlegen würden.
Über Details wie Köstüme und Handlings usw. können wir Ihnen sicher
professionelle Lösungen anbieten.

Wir danken Ihnen sehr für Ihre Anfrage und grüßen Sie mit unserem gesamten
Team recht herzlich.

S. Jortzik

**Hafidh Ahmad Muhammad Othman Abdullah
Bin Abd Nagi Faisal Hamad Fawzi Al Salami**
Château des Cinglés – Dubai (U.A.E.)
Fax: (++1-801) 751-7857 - E-mail: sheikh_al_salami@hotmail.com

<u>PERSÖNLICH UND SEHR VERTRAULICH!</u>

Herrn
Udo Lindenberg
HOTEL ATLANTIC KEMPINSKI
Fax: (0049-40) 247129

Lieber Herr Lindenberg:

Ich sitze allein in meiner Wohnung am Central Park und bin einsam. Mein Mann Hafidh ist vor wenigen Wochen von mir gegangen – der Tod kam unerwartet, aber er mußte wenigstens nicht leiden. Für mich ist das ein tröstlich. Meine Tränen versiegen jetzt langsam.
In dieser schweren Zeit ist Ihre Musik und die Aufnahmen vergangener Jahre, ganz besonders Ihr Lied „Alles klar auf der Andrea Doria", ein Grund mehr für mich, nicht zu verzweifeln und daran zu denken, daß es ein Morgen gibt. Ich danke Ihnen dafür!
Aber was sind Worte, wenn es Taten gibt, die begangen werden können? Mein Mann hinterließ mir ein stattliches Vermögen, und ich bin zu alt, um das Geld, das ich jetzt mein eigen nenne, allein ausgeben zu können. Andererseits bin ich nicht die Frau, die Millionen ihrer Katze vererbt (ich habe auch keine, weil ich gegen Katzenhaare allergisch bin) oder es dem Stadtsäckel überläßt. Ich möchte den Menschen Freude bereiten, denen ich schöne Stunden in meinem Leben verdanke. Sie gehören ganz sicher dazu! Bitte, erlauben Sie mir daher, Sie zu fragen, ob Sie mein persönliches Geschenk annehmen. Ich möchte Ihnen aus dem ererbten Vermögen von Sheikh Hafid Al Salami eine Million Euro hinterlassen. Sie würden mich glücklich machen, wenn Sie Ja sagen würden. Vielleicht können wir ja mit einem Glas Champagner auf bessere Tage anstoßen! Bitte, lassen Sie mich wissen, ob ich Ihnen den Privatjet schicken kann, um Sie zur Übergabe des Geldes nach New York und wieder zurück zu fliegen!
In tiefer Dankbarkeit für die Zeit, in der ich mein Leid dank Ihrer vergessen durfte!
Ihre

Fax

An:	**Von:**
Name: Frau Claire Salami	**Name:** udo lindenberg
Firma:	**Firma:** flexibelbetriebe
Fax: 0018017517857	**Fax:** +4940247129
Datum: 29.06.01 **Seiten:** 1	**Telefon:** +494028880

Bemerkungen:

Hochverehrte Frau Claire Salami,

bitte behalten Sie Ihre Millionen für sich, ich hab selber schon zu viele
davon . meine Konten sind brechend voll, passt leider nichts mehr drauf .
keine panik, mille gracie, Ihr Udo `Leberwurst` Lindenberg .

**Hafidh Ahmad Muhammad Othman Abdullah
Bin Abd Nagi Faisal Hamad Fawzi Al Salami**
Château des Cinglés – Dubai (U.A.E.)
Fax: (++1-801) 751-7857 - E-mail: sheikh_al_salami@hotmail.com

PERSÖNLICH UND VERTRAULICH!
Herrn
Dr. Dieter Dräger
Vorsitzender des Aufsichtsrates
DEA MINERALÖL AG
D-22297 Hamburg
FAX: (0049-40) 6375-3496

Sehr geehrter Herr Dr. Dräger:

Am 28. Februar dieses Jahres wurde das größte Glück meines Mannes Wirklichkeit: Ich schenkte ihm eine gesunde Tochter, der wir – nach langen Diskussionen – den schönen Vornamen **DEA** gaben. Dieses Wort kommt, wem sage ich dies?, aus dem Lateinischen und bedeutet Göttin.

Mein Mann und ich hoffen, daß unsere Tochter Dea Al Salami halten wird, was ihr Vorname verspricht.

Im Sommer dieses Jahres soll **DEA** nun anläßlich einer großen Feier in unserem Palast getauft werden. Wir stellen uns vor, daß Ihre Firma, die ja den gleichen Namen hat, Taufpate wird. Das bietet sich auch insofern an, als in Ihren Tankstellen sicherlich auch Rohöl mitfließt, das aus den Bohrlöchern der Ölfelder von Scheich Al Salami sprudelt.

Was sagen Sie nun? Wir würden Sie und den Vorstand natürlich mit unserem Privatjet abholen und wieder zurückfliegen – Sie müssen sich nur einen Tag freimachen. Wieviel Personen kommen mit? Und bitte verstehen Sie mich nicht falsch: Wir erwarten keinerlei Geschenke!

In der Hoffnung auf Ihre baldige Zusage per FAX, damit wir rechtzeitig disponieren können, sowie
mit freundlichen Grüßen!

Claire Al Salami

RWE-DEA Aktiengesellschaft
für Mineraloel und Chemie
Vorstand

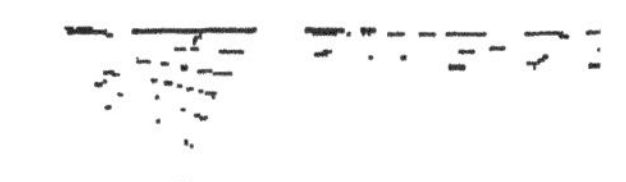

17. April 2001

Frau
Claire Al Salami
Château des Cinglés

Dubai (U.A.E.)

Sehr geehrte Frau Al Salami,

wir haben Ihr Fax vom 27.03.2001 mit großem Interesse und großer Freude gelesen. Wir können sehr gut verstehen, daß Sie die Taufe Ihrer Tochter in entsprechender Form feierlich begehen möchten.

Ganz besonders freuen wir uns, daß Sie Ihrer Tochter den Namen Dea gegeben und uns als Paten in Aussicht genommen haben. Paten sollen ein Kind auf dem Lebensweg begleiten. Diesem Anspruch werden wir nicht genügen können, da die DEA Mineraloel AG in der heutigen Form nicht weiter bestehen wird. Wie Sie sicherlich der Presse entnommen haben, steht unser Unternehmen vor einem tiefgreifenden Umbruch. Das Geschäft der DEA Mineraloel AG wird mit dem Downstream-Geschäft der Deutschen Shell GmbH in ein Joint Venture zusammengeführt.

Aus diesem Grund werden Sie Verständnis dafür haben, daß wir Ihre überaus freundliche Einladung nicht annehmen können. Wir wünschen Ihnen und vor allem Ihrer Tochter Dea auf ihrem Lebensweg alles erdenklich Gute.

Hochachtungsvoll und mit freundlichen Grüßen

RWE-DEA Aktiengesellschaft
für Mineraloel und Chemie

Schöning   Wiese

Überseering 40 · 22297 Hamburg · Telefon: (040) 63 75-0
Vorstand: Dr. Dieter Drager, Vorsitzender Dr. Sigurd Bayer, Dr. Georg Schöning, Dr. Wolfgang Schumann, Dr. Rolf Wiese
Vorsitzender des Aufsichtsrats: Dr. Dietmar Kuhnt · Aktiengesellschaft · Sitz: Hamburg · Registergericht: Amtsgericht Hamburg HRB 6882

Ħafidh Aħmad Ɯuhammad Othman Abdullah Bin Abd
Ꭱagi Faisal Ħamad Fawzi Faisal Al-Salami

<u>PERSOENLICH! VERTRAULICH!</u>

An die
Geschaeftsleitung
MAEURER UND WIRTZ
Zweifaller Strasse 120
52220 Stolberg

Sehr geehrte Damen und Herren:

Deutschland war uns im fernen Saudi-Arabien als Tabakland immer ein schoener, bevorzugter Begriff.

Mein Mann ist ein begeisterter Raucher, vor allem nuckelt er gerne an seiner Opiumpfeife. Er laesst sich aber gerne von unseren Freunden, die auf Staatsbesuch und auf Kosten der entsprechenden Regierungen in ferne Laender reisen, jedesmal ein spezielles Tabakgeschenk mitbringen.

Leider ist nun ein Missgeschick passiert! Dies ist auch der Grund meines Briefes an Sie. Ich bin allerdings sicher, dass Ihre geschaetzte Firma eine fuer alle Beteiligten akzeptable Loesung des Problems finden wird.
Sonderbotschafterin Laila F. - aus Gruenden der Diskretion moechte ich Ihren Nachnamen abkuerzen - hat meinem Mann von ihrem letzten Besuch in der Bundesrepublik zwar Tabak mitgebracht, aber leider ist dieser nicht zum Rauchen. Wie das passieren konnte, ist mir ein Raetsel. Denn Ihre Excellenz liess durch die Firma Herlitz in Muenchen nicht <u>Rauchwaren</u> verschicken, sondern Ihr Produkt <u>TABAC</u>. Es handelt sich demnach um <u>aromatisches Rasierwasser</u>, <u>Eau de Cologne</u> und <u>wuerziges Herrenparfum</u>. Und die Ladung kam in einem Container von <u>1 Kubikmeter Groesse</u>!
Wieso kann man in Deutschland Duftwasser mit dem Namen TABAC herstellen, das muss doch in die Irre fuehren! Was machen wir denn nun mit TABAC in fluessiger Form, das noch dazu Alkohol enthaelt, was fuer meinen Mann als glaeubigen Moslem schon per se eine beleidigende Verfuehrung ist???

Duerfen wir Ihnen den Container zuruecksenden und auf Erstattung hoffen? Ihre Firma ist doch bestimmt so kulant? Der Container lagert zur Zeit im Zollgebiet auf dem Koelner Flughafen, kann also problemlos an Sie nach Stolberg im Rheinland angeliefert werden.

Ich moechte abschliesend noch sagen, dass ich persoenlich den TABAC-Duft Ihrer Firma dem Gestank der Zigarren meines Mannes sehr vorziehe. Aber auf mich hoert ja keiner!

In der Hoffnung auf eine ausfuehrliche, positive Antwort bin ich mit freundlichen Gruessen!

Claire Al-Salami   10/11/97

- GESCHÄFTSFÜHRUNG -

Frau
Claire Al-Salami

1. Dezember 1997

Sehr verehrte Frau Al-Salami,

vielen Dank für Ihr Schreiben vom 17.11.1997 und Ihre witzig-kreativen Vorschläge zur Veränderung unseres Firmen-Images, auf die wir jedoch nicht eingehen möchten, da unsere Firmen-PR auf anderen strategischen Füßen steht.

Wir sind tief betrübt über den Tatbestand, daß Sie für unsere Produkte, die sich in weiten Kreisen der Bevölkerung durch einen hohen Bekanntheitsgrad auszeichnen, keine Verwendung sehen. Doch sind wir, was die Lösung Ihres „Duftproblems" anbelangt, von Ihrem Vorschlag, Dinge, die man nicht braucht, anderen Bedürftigen in Form einer Spende zur Verfügung zu stellen, sehr angetan und halten ihn für sehr nobel, besonders in der Vorweihnachtszeit.

Da wir im Rahmen unserer umfangreichen sozialen Aktivitäten unser Budget bereits verplant haben, können wir Ihr Vorhaben leider nicht finanziell unterstützen.

Wir wünschen Ihnen jedoch bei der Abwicklung viel Erfolg und Ihnen und Ihrer Familie ein besinnliches Weihnachtsfest.

Mit freundlichen Grüßen

Rudolf Wirtz

P.S. Anbei ein kleines Duftpräsent für Sie - vielleicht haben Sie Verwendung dafür.

Hafidh Ahmad Muhammad Othman Abdullah
Bin Abd Nagi Faisal Hamad Fawzi Al Salami

Château des Cinglés – Dubai (U.A.E.)
Fax: (++1-801) 751-7857 - E-mail: sheikh_al_salami@hotmail.com

PERSÖNLICH UND SEHR VERTRAULICH!

Frau
Nina Hagen
FAX: (0049-30) 324-5607

Liebe Nina Hagen:

Ich sitze allein in meiner Wohnung am Central Park und bin einsam. Mein Mann Hafidh ist vor wenigen Wochen von mir gegangen – der Tod kam unerwartet, aber er mußte wenigstens nicht leiden. Für mich ist das tröstlich. Meine Tränen versiegen jetzt langsam. In dieser schweren Zeit sind Ihre Lieder, die mein Mann und ich seit Ende der 70iger Jahre immer gemeinsam gerne hörten, ein Grund, nicht zu verzweifeln und daran zu denken, daß es ein Morgen gibt. Ich danke Ihnen dafür! Aber was sind Worte, wenn es Taten gibt, die begangen werden können? Mein Mann hinterließ mir ein stattliches Vermögen, und ich bin zu alt, um das Geld, das ich jetzt mein eigen nenne, allein ausgeben zu können. Andererseits bin ich nicht die Frau, die Millionen ihrer Katze vererbt (ich habe auch keine, weil ich gegen Katzenhaare allergisch bin) oder es dem Stadtsäckel überläßt. Ich möchte den Menschen Freude bereiten, denen ich schöne Stunden in meinem Leben verdanke. Sie gehören ganz sicher dazu! Bitte, erlauben Sie mir daher, Sie zu fragen, ob Sie mein persönliches Geschenk annehmen. Ich möchte Ihnen aus dem ererbten Vermögen von Sheikh Hafid Al Salami eine Million Euro hinterlassen. Sie würden mich glücklich machen, wenn Sie Ja sagen würden. Vielleicht können wir ja mit einem Glas Champagner auf bessere Tage anstoßen! Bitte, lassen Sie mich wissen, ob und wohin ich Ihnen den Privatjet schicken kann, um Sie zur Übergabe des Geldes nach New York und wieder zurück fliegen zu lassen! In tiefer Dankbarkeit für die Zeit, in der ich mein Leid dank Ihrer vergessen durfte!
Ihre

Claire

Claire
Freitag, 29. Juni 2001

Liebe Claire !
Zuerst einmal möchte ich Ihnen mein herzliches Beileid zum Tode Ihres geliebten
Mannes aussprechen!
  Bitte seien Sie versichert,dass ich' Ihnen viel Kraft wünsche ,damit Sie diese schwere
Zeit gut überstehen!
Ich möchte Ihnen auch erklären,warum Ihr persönlich an mich gerichtetes Fax-Schreiben
von meinem Agenten und Rechtsanwalt beantwortet wurde:
Ihr Schreiben ging in der CHARADE-Schauspiel-Agentur ein, dessen Direktor mein
Berater und Rechtsanwalt Herr Axel Schwarzberg ist.
Es war auch keine Telefon-nummer in Ihrem Schreiben angegeben,sodass wir nicht
sicher waren,ob sich jemand ,vielleicht von einer "Versteckten Kamera" oder sonstigen
Scherz/Satire-Zeitschrift oder Fernsehsendung über mich lustig machen möchte.
Normalerweise,wenn Anfragen meine Person betreffend,in meiner Agentur
eingehen,dann gibt es auch eine Telefon-nummer, wo man sich telefonisch zurückmelden
könnte.
In Ihrem Schreiben gibt es nur die FAX und e-mail-adresse....und jetzt könnten Sie
natürlich,falls Sie bei einer Satire-Sendung oder Zeitschrift arbeiten,
meine Reaktion öffentlich machen und alle würden lachen,dass Nina Hagen so "blau-
äugig" ist und alles für bare Münze nimmt,was aus der Fax-Maschine, in der
Agentur ,herauskommt !
Ich bin zur Zeit auf Open-Air-Tournee durch Deutschland und Europa,
und habe Axel gebeten,erst einmal auf Ihr Schreiben zu antworten,
um sicher zu gehen,dass Sie es ernst meinen,
dass es Sie wirklich gibt.....und nicht, wie schon oft geschehen,
die Redaktion einer Satiresendung oder Zeitschrift sind.
Claire,Sie haben sich nicht privat an mich gewandt und ich hoffe,Sie mögen es meiner
Agentur verzeihen,wenn Sie ersteinmal die Seriosität von jeglichen Anfragen meine
Person betreffend,sicherstellen wollen.
Ich möchte Ihnen vorschlagen, sich mit mir persönlich zu unterhalten!
Ich habe einen wunderbaren Film gemacht ,den ich Ihnen gern zeigen und schenken
möchte, er lief schon auf mehreren Filmfestivals und es gibt ihn auf Videoformat. Mein
Film soll noch in diesem Sommer in einem New-Yorker Kino laufen , bei meinem Freund
Jonas Mekas.

Ich arbeite auch an meiner neuen CD mit einigen Texten von Goethe, die ich neu vertont habe. Das würde ich Ihnen auch gern einmal zeigen!
Liebe Claire,
ich hoffe,Sie nehmen das Antwortschreiben meines Anwalts und Agenten nicht so schwer und verdammen mich und meine Arbeit nicht, bloss weil meine Agentur mich vor Satiremagazinen schützen möchte....
versetzen Sie sich bitte einmal in meine Lage: ich bin eine ernsthafte Künstlerin, Mutter von zwei wunderbaren Kindern und mache viel Charity-work für die Tschernobyl-Krankenhaus-Kinder, für das Elisabeth-Hospiz in Deutschland,für brasilianische und rumänische Strassenkinder, die tibetanischen Flüchtlingskinder und arbeite ausserdem ehrenamtlich für den Tierschutz-Verein PETA (People for the Ethical Treatment of Animals) und das gemein-nützige Krankenhaus in Chilanola/Indien,dass ich durch harte Arbeit mit aufbauen konnte!
Und ich möchte nicht,dass mein Leben und meine Arbeit von Satire-sendungen oder Magazinen "durch den Kakao" gezogen wird.(Ausserdem bin ich eine dermassen Weltklasse-mässige Sängerin und Komikerin,dass es den Witzbolden schwerfallen sollte, über mich schlechte Witze zu reissen!)

Liebe Claire! Ich würde mich sehr freuen,wenn Sie mit mir,vielleicht ersteinmal durch e-mail, Kontakt aufnehmen würden!
Ich würde wirklich gerne mal mit Ihnen telefonieren,ich finde eine menschliche Stimme ehrlich gesagt beruhigender als Schrift-Verkehr!
Ich liebe NewYork und will dort bald wieder Konzerte geben .

Alles Gute und einen wunderschönen Sommer in New York wünscht Ihnen
Ihre Nina Hagen aus Berlin

Ḥafidh Ahmad Muhammad Othman Abdullah Bin Abd
Ragi Faisal Ḥamad Fawzi Faisal Al-Salami

<u>PERSOENLICH! VERTRAULICH!</u>

An die
Direktion
OESTERREICHISCHER TIERSCHUTZ
Khleslplatz 6
A-1120 Wien
OESTERREICH

Sehr geehrte Damen und Herren:

Wir haben eine Reihe von Fernsehverpflichtungen fuer unsere Schimpansen-familie beim Oesterreichischen Fernsehen.

Es handelt sich, wie Sie sich vorstellen koennen, um sehr kostbare Tiere: Artisten der Hohen Schule. Mama Theresita, Papa Colombo und die Zwillinge Sadam und Hussein sind schon in der Tom Jones-Show aufgetreten und von Magier David Copperfield verzaubert worden.

Wir kennen ANIMAL PROTECTION aus den Staaten. Dort haben wir jedesmal Bodyguards und Security-offiziere zum Schutz unserer Affenfamilie engagiert. Es geht auch darum, sie vor allzu aufdringlichen Fans zu schuetzen!
Nach jeder Show in Vegas gibt unsere Affen-familie uebrigens eine Autogramm-stunde! So wollen wir es natuerlich auch in Ihrem schoenen Land halten!

Bitte, lassen Sie uns moeglichst umgehend wissen:

Was kosten Ihre Tierschutzbeamten pro Tag (8 Stunden Arbeitszeit)?
Kennen sich Ihre Leute mit Personen-schutz aus?
Sind sie bewaffnet?
Koennen wir zwei oder drei Ihrer Bodyguards kurzfristig anheuern?
Waeren Ihre Leute bereit, die noetigsten Begriffe aus dem Handbuch fuer Dialoge mit Affen zu lernen, damit es keine Verstaendigungsprobleme gibt?

Ich glaube, dass die Promotion fuer Ihren Tierschutz-Verein grossartig sein wird, da sich die Medien bereits jetzt fuer Interview- und Fototermine mit unserer Schimpansenfamilie angemeldet haben.

In Erwartung Ihrer detaillierten Antwort und freundlichen Gruessen,

Claire Al-Salami   8/11/97

VEREINSLEITUNG UND TIERSCHUTZHAUS: 1120 WIEN, KHLESLPLATZ 6
TELEFON (0222) 804 77 74-0
TELEFAX (0222) 804 77 74-52
TIERRETTUNG: TELEFON 804 93 93
SPENDEN: PSK 1717.000

Frau Claire Al-Salami

Wien, 25.11.1997
Pf/mo

Sehr geehrte Frau Al-Salami!

Ich bestätige den Erhalt Ihres Schreibens vom 13.11. und möchte Ihnen mitteilen, daß in unserem Verein keine Bodyguards beschäftigt sind, die zum Schutz Ihrer Affenfamilie engagiert werden könnten.

Der Wiener Tierschutzverein beschäftigt Tierschutzinspektoren, die aufgrund von Meldungen in unserem Verein schlechte Haltungsbedingungen von Tieren in der Heimtierhaltung überprüfen, unsere Inspektoren sind aber nicht als Bodyguards ausgebildet und können nicht für diese Tätigkeiten eingesetzt werden.

Es tut mir leid, Ihnen keine bessere Nachricht zukommen lassen zu können und verbleibe

mit freundlichen Grüßen

Lucie Loubé
Präsidentin

𝔥afidh Ahmad Muhammad Othman Abdullah
Bin Abd Nagi Faisal Hamad Fawzi Al Salami
Château des Cinglés – Dubai (U.A.E.)
Fax: (++1-801) 751-7857 - E-mail: sheikh_al_salami@hotmail.com

PERSÖNLICH UND VERTRAULICH!
Herrn
Rob Callaghan
Präsident
MAPA Gummi- und Plastikwerke
D-27404 Zeven
FAX: (0049-4281) 73-24-1

Sehr geehrter Herr Callaghan:

Mein Sohn Kalif ist vor 16 Jahren durch Kaiserschnitt zur Welt gekommen. Allerdings mit einer erstaunlichen Abnormität, die selbst unsere erfahrenen Palastärzten verwundert hat: Kalif hat zwei Penisse! Nun ist mein Sohn aufgeklärt, und die Benutzung von Kondomen ist ihm – nicht zuletzt in Hinblick auf das drohende HIV-Virus – angeraten. Das Problem ist: Kalif's Pimmel sind so eng aneinander gewachsen, daß ein Überstülpen von **zwei** Kondomen unmöglich ist. Ich habe es selbst probiert, und ich habe einige Erfahrung. Ich möchte nun Ihre geschätzte Firma fragen, ob Sie für meinen Sohn **Doppelkondome** anfertigen könnten. Mein Mann und ich haben mal kalkuliert: 2 Schuß pro Woche, durchschnittlich, bei einer Lebenserwartung von 80 Jahren sind 8.320 Stück, das heißt, wir würden 8.000 Ihrer Markenkondome (extra feucht und gleitfähig, aber ohne Schnickschnack wie Noppen undsoweiter) abnehmen.

Möchten Sie, daß Kalif und ich bei Ihnen vorsprechen, damit jemand Maß nehmen kann?
Wann hätten Sie einen persönlichen Besprechungstermin frei?
Wieviel kosten uns die 8000 Kondome auf Bestellung?

In der Hoffnung auf Ihre baldige Zusage per FAX, damit wir disponieren können, sowie mit freundlichen Grüßen!

Claire Al Salami
7. April 2001

ISO 9001 CERTIFIED
TELEFAX
Facsimile Transmission

MAPA GmbH, Gummi- und Plastikwerke
Industriestr. 21-25, 27404 Zeven
Postfach 12 60, 27392 Zeven
Telefon: (04281) 73-437
Telefax: (04281) 73-244

19.04.2001
Seiten: 1

An: Claire Al Salami
      Château des Cinglés
      Dubai (U.A.E.)

Fax: 001-801-751-7857

Von: Manfred Schoppe, Marketingleiter Condome

Doppelcondome

Sehr geehrte Frau Al Salami,

wir beziehen uns auf Ihr FAX vom 07. April 2001 und möchten uns zuerst einmal für Ihr Interesse an unserem Unternehmen bedanken.

Leider müssen wir Ihnen jedoch mitteilen, daß wir keine ‚Doppelcondome' in unserem Sortiment führen.

Auch eine Maßanfertigung ist leider nicht möglich, da unser Betrieb lediglich auf die industrielle Massenproduktion von Condomen ausgerichtet ist.

Wir bedauern, Ihnen keine positivere Nachricht übermitteln zu können und wünschen Ihnen und Ihrem Sohn alles Gute.

Mit freundlichen Grüßen
M A P A   G m b H
Gummi- und Plastikwerke

i. V.
Manfred Schoppe
Marketingleiter Condome

i. A.
Tanja Klein
Marketingassistentin

Ḥafidh Aḥmad Muhammad Othman Abdullah Bin Abd
Ragi Faisal Ḥamad Fawzi Faisal Al-Salami

An die
Direktion
EVANGELISCHER POSAUNENDIENST IN DEUTSCHLAND
Hinter der Grambker Kirche 5
28719 Bremen

FAX: (0421) 694-2103

Sehr geehrte Damen und Herren:

Ich moechte hiermit meinen Sohn Adagio bei Ihnen anmelden und bitte um rasche
Zusendung aller erforderlichen Unterlagen und Formulare.

Adagio ist 19 und spielt ganz herrlich die Posaune. Seit wir in unserem
Palastkino in Dubai den Film "DER ENGEL MIT DER POSAUNE" nonstop laufen lies-
sen, hat dieses Instrument in Adagio einiges bewegt.

Mein Sohn ist sehr musikalisch, in diesem Fall haelt sein Name, was er verspricht, er bekam beim "Musikalischen Bauchtanz-Musikfestival" in Fez/Marokko
einen ersten Preis. Er spielt uebrigens nicht nur Posaune, sondern auch wun-
derschoen Floete, Block- und Quer-, hat ein fabelhaftes Taktgefuehl, das von
allen bewundert wird.
Welche Aufgabe wird er im Rahmen Ihres Posaunen-Dienstes erledigen muessen?
Adagio ist sehr kuenstlerisch, kann aber keine koerperlichen Lasten schleppen,
weil er hat es mit der Bandscheibe.

Mein Mann legt als Orientale grossen Wert auf aeusseres Ansehen. Eine
Mitgliedsschaft unseres Sohnes in Ihrem Evangelischen Posaunendienst waere
ihm mit Sicherheit eine ansehnliche Spende wert. Aber dies nur unter uns!

Adagio studiert in Ihrer Stadt, ich schicke ihn auch gerne bei Ihnen vorbei,
er kann Ihnen dann was vorposaunen.

In Erwartung Ihrer ausfuehrlichen Antwort gruesst Sie sehr freundlich

    Claire Al-Salami   21/12/97

EVANGELISCHER POSAUNENDIENST IN DEUTSCHLAND e.V.

Geschäftsstelle:

Hinter der Grambker Kirche 5 – 28719 Bremen

Telefon: 0421-6940121   Fax: 0421-6940123

ev.posaunendienst@t-online.de   http://www.ekd.de/epid

Der Leitende Obmann:

Pfr. Holger Gehrke

Telefon: 0421-6940122 / 0177-6940122 / 0421-6900260

Fax auch: 0421-6900262   email auch: fam.gehrke@t-online.de

1

Al-Salami Claire und Adagio   22.12.97 13:57

Absender: Holger Gehrke, Ltd. Obmann EPiD e.V.

Adagio und Ev. Posaunendienst in Deutschland

Liebe Frau Al-Salami,

haben Sie ganz herzlichen Dank für Ihre Anfrage per Fax.

Selbstverständlich freue ich mich sehr, Ihren Sohn Adagio hier in Bremen zu betreuen.

Allerdings kann er nicht direkt bei uns Mitglied werden, weil zu unseren Mitgliedern nur die Posaunenverbände aus ganz Deutschland gehören. Das sind 31 Verbände. Über die Verbände sind insgesamt 7000 Posaunenchöre bei uns Mitglied mit mehr als 115.000 Bläsern. Sie sind aber alle über ihren Chor (ein kleines Bläserorchester in der Durchschnittsgröße von ca. 20 Bläsern) und über ihren Verband bei uns Mitglied.

Es wäre aber kein Problem, Ihren Sohn hier oder anderswo über einen Chor vor Ort Mitglied werden zu lassen. Ich selbst leite auch einen Chor als Chorleiter.

Das Beste wäre, Ihr Sohn würde einfach einmal direkt mit mir Kontakt aufnehmen.

Meine Adresse (privat) ist: Pfarrer Holger Gehrke, Neuenkirchener Weg 37, 28779 Bremen (Telefon 04216900260 / Fax 6900262)

Ich würde mich jedenfalls sehr freuen, mit Ihrem Sohn Adagio in Kontakt zu treten und wir können sicher gemeinsam Möglichkeiten zum Musizieren finden.

Ich freue mich auf Ihre oder seine Antwort und wünsche Ihnen ein gutes Neues Jahr 1998!

Ihr

Holger Gehrke

Leitender Obmann

Ev. Posaunendienst in Deutschland e.V.

Ḥafidh Aḥmad Muhammad Othman Abdullah Bin Abd
Ragi Faisal Ḥamad Fawzi Faisal Al-Salami

An den
Geschaeftsfuehrer der
ITC Innovation + Trend Consulting
Les Tubières
F-83600 Bagnols-em-Foret
Fax: (00334-94) 40.69.84

Sehr geehrte Damen und Herren:

Mit grossem Interesse habe ich von Ihrem Formel 1-Abenteuer an der Cote d'Azure gehoert und moechte mich gerne umgehend bei Ihnen anmelden.

Aus Las Vegas/USA habe ich mit grossen Schwierigkeiten Bunuel nach Europa importiert: Ein hochbegabter Schimpanse, etwa 7 Jahre alt, der sich bereits als La Bamba-Taenzer profiliert hat. Bei der Ueberfahrt auf der QE 2 hat der Affe zum grossen Erstaunen aller anderen Passagiere den ersten Preis beim Tontaubenschiessen gewonnen und beim Kapitaensdinner mit seiner Darbietung als "singender Tarzan" die Damen verrueckt gemacht. Er hat auf dem Privatgelaende meines Mannes in der Conch Republik das Autofahren gelernt und ist heute sowohl im Rolls-Royce als auch im Mercedes 600 ausgesprochener Profi. - Ein Ticket hat er noch nie bekommen! -

Ich moechte mich und meinen Schimpansen fuer das naechstmoegliche Formel 1-Abenteuer bei Ihnen anmelden, vorausgesetzt, dass sichergestellt ist, dass man Bunuel einen passenden Sicherheitshelm zur Verfuegung stellen kann. (Eine Kopfverletzung wuerde alle unsere zukuenftigen Plaene gefaehrden!) Fuer Bunuel habe ich Ihre Variante A geplant:

25 Runden Opel Lotus Formel 3/ 12 Runden AGS Formel 1

Bekommt der Affe nach erfolgreichem Absolvieren des Trainingsprogrammes ein Diplom bzw. einen Fuehrerschein fuer Formel 1-Rennwagen? Soll ich die noetigen Passfotos schon mitbringen? Kann der Affe in meinem Doppelzimmer untergebracht werden?

Fuer baldige Antwort sowie Terminvorschlaege waere ich verbunden!
Mit freundlichen Gruessen,

Claire Al-Salami   3/11/97

ITC

**Innovation + Trend
Consulting Est.
Landstr. 70 / PF 331
FL-9490 Vaduz**

Walter Ackermann
Les Tubières
F-83600 Bagnols-en-Forét
Côte d'Azur / Var / France
Tél.: + 33 / 4 94 40 30 38
Fax: + 33 / 4 94 40 69 84

TELEFAX

To: Frau Claire Al-Salami

Subject: Formel 1 - Abenteuer an der Côte d'Azur;
Ihre Buchung über Var. A: 25 Runden Formel 3 und
12 Runden AGS F1 für Ihren Schimpansen Bunuel

Message:

Sehr geehrte Frau Al-Salami

Ihr Fax vom 3.11. hat uns sehr gefreut und wir danken Ihnen für Ihre Buchung zur Teilnahme an unserem Formel 1 - Abenteuer Variante A.

Ihr hochbegabter Schimpanse Bunuel ist tatsächlich eine echte Weltsensation und seine Talente sollten unbedingt weiter gefördert werden. Allerdings dürfte es auch für ihn schwierig sein, von einem Mercedes 600 oder Rolls-Royce direkt in einen Formel 1 mit 650 PS umzusteigen. Deshalb empfehlen wir Ihnen, Bunuel langsam, aber kontinuierlich aufzubauen. Als erstes empfehlen wir Ihnen Bunuel bei der Rennfahrerschule WINFIELD für einen Basislehrgang einzuschreiben, dort lernt Ihr hochtalentierter Schimpanse zuerst einmal die Basis des Monoposto-Fahrens auf einem Formel RENAULT mit ca. 150 PS. Nachher kann Bunuel vielleicht um das Volant ELF mitfahren, eine Trophäe für den talentierten Nachwuchs. Anschliessend wird Ihr Schimpanse Bunuel, sofern er das Flair für den Rennwagen besitzt, eine Karriere über Formel 3, evtl. Formel 3000 bis zur Formel 1 antreten. Als Einstieg in die Formel 1 würden wir Ihnen von Teams wie FERRARI, WILLIAMS, BENETTON abraten und Ihnen eher MINARDI, TYRELL oder evtl. STEWART für den Einstieg empfehlen. Bernie Ecclestone, der Formel 1 - Zirkusdirektor wird sich über die neue publikums- und medienwirksame Attraktion freuen und Sie sicher tatkräftig unterstützen. Sobald Ihr Affe in der Formel 1 in etwa das Niveau von Ralf Schumacher erreicht hat, empfangen wir Bunuel gerne - mit einem roten Teppich - bei uns auf dem Circuit du Var in Le Luc. Dies dürfte sich allerdings - trotz den unglaublichen Talenten von Bunuel - nicht bis zum nächsten Jahr realisieren lassen.
Ausserdem müssten wir bis dahin für Bunuel ein neues Karbon-Monocoque anfertigen lassen, da Schimpansen - nach unserem Wissen - mit wesentlich längeren Armen und kürzeren Beinen als die meisten übrigen Formel 1 - Piloten ausgerüstet sind. Uebrigens ein sehr teures Unterfangen; nähere Auskünfte gibt Ihnen gerne Ron Dennis von McLaren, der solche Umbauten seinerzeit für Nigel Mansell - leider ohne Erfolg - realisieren musste. Solche Kosten (ca. 300'000 Deutsche Mark) müssten wir Ihnen selbstverständlich separat verrechnen, dagegen wäre der passende Spezialhelm für Bunuel ein Pappenstiel.

Indessen empfangen wir Sie sehr gerne bei uns als Formel 1 - Pilotin, in Begleitung Ihres Schimpansen-Genies Bunuel als Zuschauer. So könnte er sich vorläufig einmal ein Bild machen, wie es bei uns zu- und hergeht. Selbstverständlich darf Bunuel mit Ihnen ein Doppelzimmer in unserem sehr gepflegten Hotel teilen und am Mittagsbuffet dürte er seine helle Freude haben. Wir freuen uns auf Ihre Teilnahme mit Bunuel und übersenden Ihnen das Programm als Anlage.

Mit freundlichen Grüssen
ITC Innovation + Trend Consulting Est.

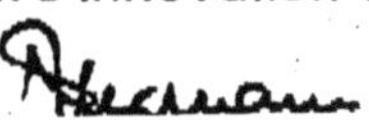

Ḥafidh Ahmad Muhammad Othman Abdullah Bin Abd
Ragi Faisal Ḥamad Fawzi Faisal Al-Salami

Herrn
Walter Ackermann
INNOVATION + TREND CONSULTING Est.
F-83600 Bagnois-en-Foret, VAR

Fax: (00334) 9440-3038

<u>Betr.: Ihr freundliches FAX vom 7.11.97</u>

Sehr geehrter Herr Ackermann:

Ihre ermunternden Worte und Ratschlaege haben mich gefreut. Ich glaube allerdings nicht, dass Bunuel je Rennfahrerklasse erreichen wird, sei es die von Ralf Schmumacher oder auch von Niki Lauda. Das ist auch nicht der Grund, warum ich ihn anmelde. Es ist einfach nur so, dass ich weiss: Bunuel hat ein Faible fuer Geschwindigkeit. Autofahren macht ihm einfach Spass! Und was tut man nicht alles fuer sein Lieblingstier, habe ich recht?

Dass Sie ihn zusammen mit mir in Var empfangen werden, ehrt uns natuerlich. Nur moechte ich von einem roten Teppich abraten. Diese Farbe irritiert Bunuel immer sehr. (Vor roten Ampeln, zum Beispiel, pflegt er gerne eine Vollbremsung zu machen, so sehr regt ihn diese Farbe auf!)

Sie schreiben: Die Beschaffung eines passenden Helmes macht keine Proleme. Wie sieht es aber mit feuerfestem Rennfahrerdress aus? Koennen Sie ihn beschaffen, oder soll ich ihn hier in Auftrag geben? Und dann brauchen wir doch sicherlich auch Renn-Handschuhe, Kopfschutz und Rennschuhe? Die genauen Masse gebe ich Ihnen gerne auf. Der Schimpanse ist nicht groesser als 196 cm und wiegt 75,5 Kilo (nackt). Auch bin ich in seinem Namen an einer VHS-Videokassette interessiert. (Kosten????)
Den Champagner bei der Diplomuebergabe trinke ich gerne allein, bzw. mit meinem Mann, der sicherlich auch mitkommt. Fuer den Schimpansen wuerde eine Staude mit Bananen eine nette Geste bedeuten.

Last not least: Bunuel ist Medienzirkus gewoehnt, er trat lange genug im "Sands" in Vegas auf. Aber ist **Ihnen** Presse- und Fernsehrummel recht? Ich bin naemlich ziemlich sicher, dass rtl, SAT 1 und PRO 7 an einer Berichterstattung ueber den Schimpansen und sein Formel 1-Abenteuer interessiert sind. Ihr Okay waere mir darum im Vorwege lieb.
Freundlich gruesst aus dem foehnigen Muenchen, in Erwartung Ihrer positiven Antwort,

Claire Al-Salami   7/11/97

ITC
Innovation + Trend
Consulting Est.
Landstr. 70 / PF 331
FL-9490 Vaduz

Walter Ackermann
Les Tubières
F-83600 Bagnols-en-Forêt
Côte d'Azur / Var / France
Tél.: + 33 / 4 94 40 30 38
Fax: + 33 / 4 94 40 69 84

TELEFAX

To:

Frau Claire Al-Salami

Subject:

Formel 1 - Abenteuer an der Côte d'Azur;
Ihr Fax vom 7.11.97

Message:

Sehr geehrte Frau Al-Salami

Vielen Dank für Ihre prompte Rückantwort. Das man nicht genug tun kann für seine
Lieblingstiere wissen meine Frau Ana Alice und ich zur Genüge. Zwar sind wir nicht stolze
Besitzer des höchstentwickelten Säugetieres wie Sie, aber unsere beiden Briards "Jazz Lamassou
de Majéstade" und "Jaïne Inougami du Val de Giran", sowie unsere Findelkatze "Mistral du Luc-
Faber-Castell" werden nach Strich und Faden verwöhnt und auch wir versuchen ihnen alle
Wünsche von den Augen abzulesen. Sie sind übrigens auch echte Formel 1 - Fans und am Circu
immer dabei. Allerdings fehlt ihnen noch die fahrerische Grundausbildung und die Begegnung m
dem intelligentesten Schimpansen der Welt. (Hoffentlich ist er nicht allergisch auf Hunde!)

Selbstverständlich wollen wir Ihren Schimpansen Bunuel nicht unnötig aufregen und werden
daher zum Empfang auf den roten Teppich verzichten. Allerdings ist der grosse AGS-Schriftzug a
unserem Werksgebäude in roter Farbe, vielleicht lässt sich Bunuel durch einen Leckerbissen
ablenken...

Was die Kleidung anbetrifft, dürften die Rennschuhe das grösste Problem sein, da unsere übliche
F1-Piloten an den Füssen nicht über einen Daumen verfügen, sondern dort die grosse Zeh haben
Da wäre eine Spezial-Massanfertigung Ihrerseits von Vorteil. Die übrige Ausrüstung dürfte (mehr
oder weniger) passen.

Ich liebe den Medienrummel, deshalb bin ich natürlich sehr geehrt, mich mit so berühmten
Persönlichkeiten wie Bunuel in Szene zu setzen und mit Ihnen der Meinung, dass uns die TV-
und Presse-Vertreter die Türen einrennen werden. Bunuel könnte im Formel 1 für die sicher sehr
zahlreich erscheinenden Medienleute posieren. Fahren dürfte für ihn vorläufig unmöglich sein
(ich verweise auf mein gestriges Fax), da er entweder aus dem Cockpit sieht, aber die Pedalerie
nicht betätigen kann oder die Pedale bedient und im Blindflug über die Piste brettern müsste.
Glücklicherweise haben wir auf dem Areal des Circuit du Var auch eine der schönsten Go-Kart-
Pisten, Ihr hochbegabter Schimpanse könnte da vielleicht einige Demonstrationsrunden drehen
sofern dies nicht unter seiner Würde ist - um seinen Geschwindigkeitsfimmel auszuleben.

Wir freuen uns auf den Eingang Ihrer Anmeldung, sichern Ihnen eine einwandfreie Organisation
zu und halten für Bunuel eine Staude Bananen bereit.

Mit sportlichen 'wum-wwuumm-wwwuuummm' Grüssen

ITC Innovation + Trend Consulting Est.

Signature:

Walter Ackermann

**Hafidh Ahmad Muhammad Othman Abdullah
Bin Abd Nagi Faisal Hamad Jawzi Al Salami**
Château des Cinglés – Dubai (U.A.E.)
Fax: (++1-801) 751-7857 - E-mail: sheikh_al_salami@hotmail.com

PERSÖNLICH UND SEHR VERTRAULICH!

Frau
Hild Knef
FAX: (0049-30) 8090-6644

Liebe Hilde:

Ich sitze allein in meiner Wohnung am Central Park und bin einsam. Mein Mann Hafidh ist vor wenigen Wochen von mir gegangen – der Tod kam unerwartet, aber er mußte wenigstens nicht leiden. Für mich ist das tröstlich. Meine Tränen versiegen jetzt langsam. In dieser schweren Zeit sind Ihre Filme, vor allem natürlich „Die Sünderin", bei der Hafidh und ich erste, zarte Küsse tauschten, ein Grund, nicht zu verzweifeln und nicht zu vergessen, daß es ein Morgen gibt. Ich danke Ihnen dafür! Mein Mann hinterließ mir ein stattliches Vermögen, und ich bin zu alt, um das Geld, das ich jetzt mein eigen nenne, allein ausgeben zu können. Andererseits bin ich nicht die Frau, die Millionen ihrer Katze vererbt (ich habe auch keine, weil ich gegen Katzenhaare allergisch bin) oder es dem Stadtsäckel überläßt. Ich möchte den Menschen Freude bereiten, denen ich schöne Stunden in meinem Leben verdanke. Sie gehören ganz sicher dazu! Bitte, erlauben Sie mir daher, Sie zu fragen, ob Sie mein persönliches Geschenk annehmen: Ich möchte Ihnen aus dem ererbten Vermögen von Sheikh Hafid Al Salami eine Million Euro hinterlassen. Sie würden mich glücklich machen, wenn Sie Ja sagen würden. Vielleicht können wir ja mit einem Glas Champagner auf bessere Tage anstoßen! In tiefer Dankbarkeit für die Zeit, in der ich mein Leid dank Ihrer vergessen durfte!
Ihre

Claire
Donnerstag, 28. Juni 2001

Hildegard Knef
Paul von Schell

Tel/Fax 0049 030 80   44

Madame Claire –

unser langjähriger Freund Axel Andree (der nebenbei auch das PR-Büro meiner Frau Hildegard Knef betreut) war so freundlich, mich von der Existenz zweier Schreiben von Ihnen an Hilde in Kenntnis zu setzen. Ich frage mich allerdings, woher Sie wohl diese Nummer als Fax-Adresse meiner Frau erhalten haben.

Und da Sie offenbar von <u>meiner</u> Existenz nichts wissen, darf ich Ihnen mitteilen, daß ich seit 1977 mit Hildegard Knef (glücklich!) verheiratet bin und gerade in diesen Wochen der schweren Lungenerkrankung ganz besonders um ihr Wohlbefinden bemüht bin, – gottlob mit der Hilfe einer Schar hervorragender Fachärzte.

Zu meiner primären Fürsorge gehört natürlich auch, jedwede Art von seelischer Belastung von meiner Frau fernzuhalten, weshalb Sie mir, bitte, verzeihen mögen, wenn ich meinerseits feststelle, daß auch ich <u>Sie</u> nicht kenne und verständlicherweise gerne mehr über Ihre Identität und <u>authentische Verbindung zu Hilde</u> erfahren möchte, zumal sie heute bei Ihren übermittelten Genesungswünschen noch Erinnerungsschwierigkeiten hatte – in ihrer Verfassung durchaus verständlich –, die Sie sicher leicht beheben können.

Wenn Sie verstehen, daß ich meiner Frau in ihrer momentanen gesundheitlichen Verfassung und beginnenden Rekonvaleszenz alle Enttäuschungen ersparen will und muß, kann das nur bedeuten, daß es Ihnen nicht schwerfallen dürfte, mit einigen klärenden Worten ein gewisses Unbehagen zu zerstreuen, das aus der völligen Nichtinformation meinerseits und einem möglichen Fehlschlagen ihres erstaunlichen Vorhabens resultieren könnte.

Ihrer Antwort sehe ich mit Ungeduld entgegen,

Paul Schell

**Hafidh Ahmad Muhammad Othman Abdullah
Bin Abd Nagi Faisal Hamad Fawzi Al Salami**
Château des Cinglés – Dubai (U.A.E.)
Fax: (++1-801) 751-7857 - E-mail: sheikh_al_salami@hotmail.com

PERSÖNLICH UND SEHR VERTRAULICH!

Herrn
Paul von Schell
FAX: (0049-30) 8   44

Verehrter Herr von Schell:

Für Ihren Brief vom 29. Juni besten Dank! Ich weiß in der Tat nichts von Ihrer Existenz und glaube – ehrlich gesagt – das ist auch gut so! Schön, daß Sie für die Frau mit der Sie – wie Sie schreiben – glücklich verheiratet sind (wer hätte das bezweifeln sollen, warum also betonen Sie es?) und jede Belastung vermeiden wollen. Ich frage mich allerdings, ob es eine Belastung ist, eine nicht unbeträchtliche Summe Geldes zu erhalten. Von dem unerquicklichen Umstand einmal abgesehen, daß man sich zur Bank bemühen muß – aber diese Pflicht hätten Sie als fürsorglicher Mann doch sicherlich gerne übernommen? Was mich noch mehr beschäftigt ist die sicherlich zugegebene egozentrische Tatsache, daß Sie es nicht einmal für nötig hielten, mir zum Ableben meines Mannes zu kondolieren. Ich frage mich, ob dies zeitgemäß sein sollte oder Ihrerseits ein gedankenloses Versäumnis ist. Sie mögen mich jetzt für eingebildet erachten, aber ich bin von Menschen, die gut erzogen sind und sich sogar mit einem „von" schmücken eigentlich anderes gewöhnt. Ich wünsche Ihrer Gattin Hilde, der Frau, die ich sehr verehre, alles alles Gute zur Genesung!
Freundlich grüßt aus dem sommerlichen Manhattan

Claire Al Salami
Dienstag, 3. Juli 2001

Hildegard Knef
Paul von Schell

Tel/Fax 0049 030 80 90 66 44

4. 7. 01

Verehrte Madame Claire Al Salami -

inmitten der überwältigenden Flut schriftlicher Genesungswünsche für meine Frau habe ich offenbar den Tatbestand übersehen, verwechselt oder
gar - psychologisch wohl verständlich - völlig verdrängt, daß Sie es waren,
die den Tod des Ehepartners erwähnte - eine Gedankenassoziation, die
mich momentan vollends lähmt.
Die bedauerliche Unterlassung einer sonst selbstverständlichen, höflichen
Kondolenz ist mir zutiefst peinlich.

Wie ich ohnehin feststellen muß, daß ich auch zwei andere Fragen von Ihnen nicht beantwortet hatte: Ja, meine Frau darf Besuch empfangen - und
ja, sie würde Ihr generöses Angebot mit Freuden dankbar annehmen, zumal überhaupt nicht abzusehen ist, ob und ggf. wann sie je wieder arbeiten
kann.

Um es Ihnen zu erleichtern, übermittle ich die notwendigen Daten:

Kontonummer	07 00
Bankleitzahl	100 800 00
	Dresdner Bank AG Berlin
Kontoinhaber	Hildegard Schell-Knef u. Paul v. Schell

Mit vorzüglicher Hochachtung

Ḥafidh Aḥmad Muhammad Othman Abdullah Bin Abd
Nagi Faisal Ḥamad Fawzi Faisal Al-Salami

<u>PERSOENLICH! VERTRAULICH!</u>

An die
Direktion
TIERSPITAL BERN
Laenggasstrasse 120-128
CH-3012 Bern

Sehr geehrte Damen und Herren:

    Mein Mann und ich sind stolze Besitzer einer arabischen Schildplattkatze mit dem Namen Suleika. Es handelt sich um eine ausgesprochen seltene Kreuzung zwischen einer Meerkatze und einer Cheetah.

Durch die Gesellschaft Schweizerischer Tieraerzte hoerten wir von Ihnen. Da wir mit Suleika auf dem Weg in Ihr schoenes Laendle sind, wuerden wir gerne bei Ihnen vorbeischauen, damit sie sich von Suleika ein Bild machen koennen. Vorab waere ich jedoch fuer eine kurze Beantwortung dieser Fragen dankbar:

  # Ist es normal, dass unsere Suleika mit Vorliebe edel-bittere Katzen-
    zungen frisst, waehrend sie Milch (also ein Rohprodukt) absolut ver-
    schmaeht?
  # Suleika hat eine Vorliebe fuer <u>Goldfische</u>, die sie sich staendig aus
    dem Pond der Palastwache holt. Sie spielt dann mit ihnen, bis sie nach
    Luft schnappen und wirbelt sie dabei in der Luft herum wie ein Jong-
    leur seine Baelle. Andere Fische als <u>Goldfische</u> ruehrt sie dagegen
    nicht an. Irgendeine Erklaerung???
  # Suleika ist 2 1/2 Jahre und war noch nie rollig. Mein Mann meint, das
    laege vielleicht daran, dass sie staendig mit den Eunuchen seiner Pa-
    lastwache spielt, die ja auch keinen Geschlechtsdrang mehr verspueren,
    weil sie kastriert sind. Aber Suleika ist doch kein kastrierter Kater,
    und moegliche Nachkommen waeren sicherlich praechtige Exemplare einer
    Vorzeigerasse, die es bis heute m. E. nicht gibt.

Wann passt Ihnen unser Besuch? Haben Sie ggf. auch eine psycho-therapeutische Abteilung, wo mit Suleika Tests gemacht werden koennten. (Rorschach oder so aehnlich???)

Mit freundlichen Gruessen!

Claire Al-Salami   19/11/97

Bern, den 1. Dezember 1997

Frau
Claire Al-Salami

Ihre Anfrage bezüglich "Suleika"

Sehr geehrte Frau Al-Salami,

Wir danken Ihnen für Ihre Zuschrift und das Vertrauen, das Sie gegenüber unserer Klinik bezeugen.

Es scheint sich bei Ihrer Arabischen Schildpattkatze um eine biologisch hochinteressante und einmalige Kreuzung zu handeln, und wir werden unser Bestes daran setzen, falls nötig die Betreuung zu übernehmen und Ihnen bei der Lösung von "Suleika's" Problemen zu helfen.

Um uns mit dem Fall vertraut zu machen, würde uns interessieren:

1. Wie die Kreuzung aus Primaten (Meerkatze) und Geparden zustande gekommen ist (natürliche Paarung oder künstliche Insemination nach Genmanipulation)?

2. Wie die Körpergrösse und Proportionen von Suleika aussehen? Wir bitten um Zusendung von guten Photos (bitte keine Polaroid Schnellbilder)

3. Ob es sich dabei um eine infertile Hybridzüchtung handeln könnte, womit das Ausbleiben der Rolligkeit erklärt werden könnte? (Müsste mit endokrinen, speziell Sex-Hormonprofilen abgeklärt werden, Ultraschalluntersuchungen der inneren Keimdrüsen wären ebenfalls angezeigt)

4. Ob die Möglichkeit einer Verwechslung dahingehend vorliegen könnte, als Suleika versehentlich anstelle eines Eunuchen sterilisiert wurde? War sie seit ihrer Jugendzeit in Ihrer Obhut und welches wären ihre bisherigen Krankheitsfälle und Vakzinationen?

5. Bezüglich der Liebe zu Katzenzungen kann es sich nur um Schweizer Qualitätsschokolade handeln. Dieses Problem liesse sich lösen, indem auf

Schokolade mit Fisch- oder Huhngeschmack (der Marke Fischka oder Poulka) umgestellt wird, die bei Katzen sehr beliebt sein soll.

6. Die Vorliebe für Goldfische betreffend, könnte versucht werden, die Katze auf Forellen umzustellen, welche während der Übergangsphase mit goldiger Lebensmittelfarbe versehen werden könnten.

7. Da das Tier sich in einem einer Grossfamilie gleichenden sozialen Umfeld befindet und wir an unserer Klinik keinen vergleichbaren psychotherapeutischen Dienst anbieten können, empfehlen wir die Konsultation eines Familien- oder Sozialtherapeutischen Dienstes.

Wir hoffen sehr, Ihnen mit diesen rudimentären ersten Ausführungen weitergeholfen zu haben, und hoffen sehr, dass Sie uns weiterhin Ihr Vertrauen schenken. Für eine weitere Abklärung wäre ein Besuch an unserer Klinik notwendig, der mit den Spezialisten der bildgebenden Abteilung und der Arbeitsgruppe für Zoo- und Heimtiermedizin vorbesprochen und organisiert werden müsste.

Wir freuen uns auf Suleika's Bilder und verbleiben,

mit vorzüglicher Hochachtung

Klinik für kleine Haustiere
Prof. Dr. C.W. Lombard,
DECVIM, Klinikdirektor

Ḥafidh Aḥmad Muhammad Othman Abdullah Bin Abd
Ṛagi Faisal Ḥamad Fawzi Faisal Al-Salami

PERSOENLICH! VERTRAULICH!

Die
"Love Tour"
DRK Bonn
Friedrich-Ebert-Allee 71
53113 Bonn

Sehr geehrte Damen und Herren:

Mein Mann und ich leben im sitten-strengen Jeddah und sind darum, als relativ aufgeschlossene Individualreisende, an der von Ihnen arrangierten und organisierten LOVE TOUR mehr als interessiert.

Wir haben gehoert, dass bei Ihrer LOVE TOUR erotische Abenteuer im Rahmen von Workshops, Theater, Video und Kunst ausgelebt werden. Auch soll es Animation geben, die Faisal und ich aber nicht noetig haben. Wir sind eigentlich erotisch immer animiert. Natuerlich wuerden gut gemachte Pornofilme, die wir nach Jeddah immer nur heimlich einschmuggeln, einen besonderen Kick bedeuten!

Gibt es im Rahmen Ihres Programms auch Gruppensex?
Werden dabei die Video-aufnahmen gemacht, die zur sexuellen Aufklaerung dienen sollen?
Wo und wie koennen wir eine Pauschalreise fuer 7 Naechte "EROTIK AUF RAEDERN" buchen - und wie sind die Reisetermine?
Stellen Sie den Reisenden Ihren pink-orangefarbenen Bus fuer Schaeferstuendchen zur Verfuegung? Kann man ihn auch als Mobil-Home mieten?
Last not least: Finden wir auf Ihrer LOVE TOUR auch Gleichgesinne fuer einen moeglichen Partnertausch? (Mein Mann ist nach islamischer Sitte beschnitten - wuerde das stoeren???)

Ich wuerde mich freuen, moeglichst bald detailliert von Ihnen zu hoeren!
Mit freundlichen Gruessen,

Claire Al-Salami   17/11/97

Deutsches Rotes Kreuz ✚

Love Tour         

Name des Absenders / *From:*	Love Tour-Team
Bereich/Team/Org.-Einheit / *Department/Team/Org. Unit:*	3 / 32
Telefonnummer / *Phone Number:*	(02 28) 5 41-14 58 oder 14 84
Faxnummer / *Fax Number:*	(02 28) 5 41-14 85
Adresse / *Address:*	Friedrich-Ebert-Allee 71, 53113 Bonn
Datum / *Date:*	04.12.97

Empfänger / *To:*	Frau Claire Al-Salami
Faxnummer / *Fax Number:*	
Zu Händen / *Attention of:*	-
Seiten einschließlich Titelseite / *Pages including this title page:*	2

Ihr freundliches Fax vom 03.12.97

Sehr verehrte Frau Claire Al-Salami,

vielen Dank für die schnelle Antwort auf unser Fax vom 03.12. Gerne hätten wir Sie persönlich gesprochen, da uns Ihr „anregendes" Schreiben vom 17.11.97 sehr neu - gierig gemacht hat. Wir als kosmopolitisches Team verstehen jedoch gut: London geht vor.
Von besonderem Interesse ist für uns die Möglichkeit, neue KooperationspartnerInnen und InteressentInnen auf internationaler Ebene zu gewinnen.
Jeddah gehört zudem zu einer der wenigen Zonen, die wir bislang mit unserer Love Tour noch nicht erschlossen haben. Darüber hinaus sind wir stets an einem Austausch mit fachkompetenten Personen interessiert, die über eine Vielzahl von Erfahrung verfügen wie Sie uns in Ihrem Brief von sich und Ihrem Ehemann versichern.

Liebe Frau Al-Salami, wir möchten Ihnen noch einen gut gemeinten Rat ans Herz legen: Aus unserer Erfahrung mit polnischen Zöllnern wissen wir: Schmuggeln bringt nur den Kick für den Augenblick!

2

Auf die von Ihnen an uns gerichteten Fragen nun folgende Antworten:

Erstens, unser Setting ist unterteilt in Einzel-, Paar- und Gruppenarbeiten.

Zweitens, selbstverständlich dient der Einsatz von Video immer der Aufklärung.

Drittens, die Love Tour wird über unser Projektbüro in Bonn gebucht. Reisetermine für 1998 stehen noch nicht fest und erfolgen nach persönlichen Absprachen.

Viertens, der Einsatz der Love Tour-Busse findet grundsätzlich i. R. von Aktionen auf Straßen und zentralen Plätzen statt, bei denen es stets turbulent zugeht.

Fünftens, Sie werden verstehen, daß auch wir bei dieser anstrengenden Arbeit unsere Rückzugsmöglichkeiten benötigen (Our home is our bus).

Last not least, eines unserer zentralen Anliegen ist die Vernetzung und Kontaktförderung gleichgesinnter Menschen. Die Individualität der TeilnehmerInnen ist dabei sehr förderlich für die Dynamik der Gruppe.

Wir hoffen, Ihre Fragen hinreichend beantwortet zu haben und verbleiben in freudiger Erregung

IHR LOVE TOUR-TEAM

Ḥafidh Aḥmad Muhammad Othman Abdullah Bin Abd
Ragi Faisal Ḥamad Fawzi Faisal Al-Salami

<u>PERSOENLICH! VERTRAULICH!</u>

An die
Geschaeftsleitung der
CCM PHARMA LTD.
Rheinstrasse 219
76532 Baden-Baden

Sehr geehrte Damen und Herren:

Mein lieber Mann, von dessen Extravaganzen Sie sicherlich schon in den Medien
gehoert haben (sein Harem mit den 17 syrischen Meerkatzen, alle dressiert,
ging seinerzeit durch die Weltpresse) hat mir fernschriftlich aufgetragen, bei
Ihnen nachzufragen:

Wirkt Ihr fabelhaftes Produkt Grecian 2000, von deutschen Universitaets-
professoren, auf seine Unbedenklichkeit untersucht, auch bei <u>Tierhaaren?</u>
Im besonderen geht es um unser Gorillapaerchen, das auserwaehlte Gaeste in unserem Palast in Riachos dos Paulos bewirtet. Jugendlichkeit und Frische sind
ja heute in unserer Zeit wichtig, und das Gorillapaerchen bekommt ja doch nun
leider schon langsam graue Haare. Mein Mann meint: Graue Haare weg - ohne zu
faerben, und vor allem unauffaellig und schonend.

Wir sind sicher, dass in Ihrem Institut Untersuchungen vorgenommen wurden, die sich mit der Anwendung Ihres grossartigen Produktes Grecian 2000 fuer
Tiere beschaeftigen. - Wirkt Grecian 2000 nur im Haupthaar oder auf allen Koer-
perteilen - Romulus und Rema (so heissen unsere Gorillas) verfuegen natuerlich
ueber reichlich Behaarung! -

Moechten Sie zur besseren Beurteilung Fotos der beiden Tiere haben? Wir sind
zur Not auch bereit, mit Romulus persoenlich in Baden-Baden vorbeizukommen.
Durch unsere diplomatischen Beziehungen bekamen wir naemlich fuer Romulus bereits eine Einreiserlaubnis fuer die Schengener Staaten.

Wir koennten noch im November vorbeischauen und bitten daher um baldigen
Bescheid! - Koennen wir die Medien auf das Treffen bei Ihnen vorbereiten - das
waere sicherlich auch in Ihrem Sinn!

Mit freundlichen Gruessen,

Claire Al-Salami   10/11/97

CCM Pharma Ltd.
Zweigniederlassung Deutschland

CCM Pharma Ltd., Rheinstraße 219, 76532 Baden-Baden

To the Desk of
HAFIDH AHMAD MUHAMMAD OTHMAN
ABDULLAH BIN ABD NAGI FAISAL HAMAD
FAWZI FAISAL AL-SALAMI
Z. Hd.: Frau Claire Al-Salami

Tel.:
Fax.:

Ein Unternehmen der
COMBE-GRUPPE

Telefon (07221) 6 36 21
Telefax (07221) 5 37 39

New Telephone N°
(0)7221-504636-0

Baden-Baden, den 22. Dezember 1997

GRECIAN 2000
Ihre Anfrage bzgl. Anwendung bei Ihren Gorillas Romulus und Rema

Sehr geehrte Frau Al-Salami,

bitte verzeihen Sie unser langes Schweigen. Ihre Frage hat uns alle hier so fasziniert, daß wir der Angelegenheit auf den Grund gehen wollten. Dies war übrigens das erste Mal, daß wir zur Anwendung von GRECIAN am Affen befragt wurden.

Die rein wissenschaftlichen Aspekte sind schnell abgeklärt:
Nein, wir haben mit GRECIAN keine Tierversuche gemacht, und haben es auch weiterhin nicht vor. All unsere Untersuchungen beziehen sich ausschließlich auf die Anwendung am menschlichen Haar, und zwar dem Haar des Kopfes. Was uns vorliegt sind einige Spontan-Berichte von Privat-Personen, die GRECIAN an Ihren Haustieren ausprobiert haben: besonders gute Ergebnisse, die wir allerdings nicht nachgeprüft haben und für die wir uns auch nicht verbürgen möchten, sollen am Schweif der Pferde erzielt worden sein. Grundsätzlich erscheint es uns jedoch geboten, von einer Anwendung des Produktes bei Tieren abzuraten: Tiere pflegen sich ja gewöhnlich abzulecken (Ihre Gorillas nicht ?), GRECIAN hingegen ist ausschließlich für die äußere Anwendung bestimmt: dies wäre somit nicht mehr gewährleistet.

Aber darüberhinaus stellt sich noch eine ganz andere Frage: verfügen Tiere über ein kosmetisches Bewußtsein wie die Menschen ? Insbesondere Affen, die von allen Tieren am ehesten mit uns verwandt sind ? Auf den Punkt gebracht: **leiden** Romulus und Rema unter ihren grauen Haaren ? Das wäre schon bedauerlich, da wir Ihnen in diesem Falle nicht helfen können. Es wäre durchaus interessant, diese Problemstellung zu hinterfragen, und, sollte man zu einer positiven Entscheidungsfindung gelangen, nach diese Fragestellung immer wieder diskutiert, fanden aber keine schlüssige Antwort und müssen auch zugeben, daß wir auf diesem Gebiet nicht über die nötige Qualifikation verfügen. Sie müßten sich schon an einen Tierpsychologen wenden.

Folglich möchten wir Romulus die Mühe ersparen, sich auf den beschwerlichen Weg nach Baden-Baden zu machen, wo es jetzt obendrein kalt ist und auf den Höhen des Schwarzwaldes bereits der Schnee liegt. Aber über ein Photo würden wir uns schon freuen.

Auch wenn wir Ihnen in diesem Falle nicht weiterhelfen konnten, bedanken wir uns für Ihr Interesse an unserem Produkt und wünschen Ihnen, Ihrem Mann, Romulus und Rema sowie den 17 syrischen Meerkatzen (sind sie noch alle wohlauf ?) eine gesegnete Weihnachtszeit sowie ein erfolgreiches 1998.

Mit freundlichen Grüßen

Dr. Andreas Paschy
General Manager

Ḥafidh Aḥmad Muhammad Othman Abdullah Bin Abd
Ragi Faisal Ḥamad Fawzi Faisal Al-Salami

An den
Geschaeftsfuehrer der Tourismuszentrale
Frauentorgraben 3
90443 Nuernberg
Fax: (0911) 233-6166

Sehr geehrter Herr Tourismus-direktor:

Wir haben im fernen Dubai so viel von Ihrem beruehmten Christkindl-Markt gehoert, dass wir beschlossen haben, unserer Tochter (11) zu diesem Weihnachten
ein ganz besonderes Geschenk zu machen:

Wir wollen mit ihr in Ihre traditionsreiche Stadt kommen!

Fuer dieses grossartige Unternehmen hat sich mein Mann etwas ganz Besonderes
ausgedacht: Wir werden als Knecht Ruprecht und Heilige Maria verkleidet ein-
reisen, fuer unsere Tochter Christina haben wir ein Christkindl-kostuem nach
Mass anfertigen lassen: weisses Satinkleidchen mit Fluegeln, als Kopfbedeckung
ein Kranz aus brennenden Lichtlein.

Damit unser Weihnachtsfest in diesem Jahr absolut stilecht ist und fuer
uns alle ein unvergessliches Erlebnis bedeutet, wollen wir einer Mietwagenfir-
ma den Auftrag geben, eine Schlittenatrappe um einen Leihwagen zu bauen, so
dass wir traditionsgemaess auftreten. (Vier Elche, aus Norwegen importiert,
werden unser Gefaehrt ziehen.)

Bitte, lassen Sie mich freundlicherweise wissen, ob Sie irgendwelche Anregun-
gen und Ideen haben, die uns helfen wuerden, das Weihnachtsfest 1997 zu einer
bleibenden Erinnerung zu machen. Nicht nur fuer Christina, sondern auch fuer
meinen Mann und mich.

Ist das Gedraenge auf dem Christkindlmarkt sehr gross? Ich habe ein wenig Sorgen wegen meines Heiligenscheins, den ich als Jungfrau Maria trage!

Es waere schoen, moeglichst bald von Ihnen zu hoeren! - Koennen Sie das Hotel
Holiday Inn Crown Plaza empfehlen? Es liegt, glaube ich, im Wald, so dass sich
unsere vier Elche gewissermassen "heimisch" fuehlen koennten.

Mit freundlichen Gruessen,

Claire Al-Salami   5/11/97

Frau
Claire Al-Salami

Per Fax

7. November 1997

Sehr geehrte Frau Al-Salami,

ich bin einfach begeistert. Da gibt es tatsächlich Menschen,
die Fantasie haben, die jenseits aller Ernsthaftigkeit, die
heutzutage unser Leben leider verfinstert, träumen können und
Pläne machen, um den Alltag zu verschönern. Ich bewundere auch
Ihren Mann, weil er sich offenbar über alle Religionsschranken
hinwegsetzen kann, um seiner Tochter mit Gestalten aus dem
jüdisch-christlichen Kulturbereich eine Freude zu bereiten.

Weil wir als Kreative für solche Ideen sehr viel übrig haben,
hat sich unsere Marketingabteilung zu einem kurzen Brainstor-
ming zusammengefunden und Ihre Gedanken vertieft und ergänzt.
Ich erlaube mir, sie Ihnen im folgenden näherzubringen.

1.   Termin Ihres Aufenthalts

Hierfür bietet sich die zweite Woche im Dezember an. Am Donnerstag, 11. Dezember, findet der berühmte Lichterzug der
Nürnberger Kinder statt, und wir könnten uns gut vorstellen,
daß Ihr Schlittengespann in den Zug integriert wird. Das hätte
zudem den Vorteil, daß Sie, Ihr Mann und Ihr Kind - die Zu-
stimmung des Veranstalters hierzu müßten wir erst noch einholen - am anschließenden Krippenspiel gewissermaßen als Gast-
darsteller teilnehmen könnten.

Wir schlagen außerdem vor, daß Sie den Aufenthalt bis zum
Sonntag ausdehnen. Samstag, der 13. Dezember, ist nämlich der
Tag von St. Lucia (mit dem Lichterkranz), und Ihre Tochter
würde mit ihrem Kopfschmuck gut in den Rahmen dieses Tages
passen. Allerdings müßten wir diese Frage noch mit der Feuerwehr besprechen, weil die Buden auf dem Christkindlesmarkt aus
Tuch und Holz sind und wir im Augenblick nicht wissen, ob da
das Tragen offenen Kerzenlichts erlaubt ist.

2.   Hotelbuchung

Sie liegen mit Ihrer Vermutung richtig: Das Holiday Inn Crowne
Plaza ist ein sehr gutes Hotel in unmittelbarer Nähe des

Reichswaldes und des Valznerweihers. Elche würden sich da zweifellos wohl und heimisch fühlen.

Alternativ dazu könnten wir aber auch das Hotel Forsthaus in Fürth empfehlen, das unweit eines Wildschweingeheges direkt am Wald liegt. Ob sich norwegische Elche mit fränkischen Wildschweinen vertragen, könnte die auf Antrag die zuständige Forstbehörde klären.

Die dritte Alternative wäre das in der Nürnberger Altstadt gelegene Hotel Elch (Irrerstraße 9), womit ein unmittelbarer Bezug zu Ihrem Vorhaben geschaffen wäre.

3.   Elche und Schlittenattrappe

Eine Karosseriebaufirma zu finden, die einen Leihwagen zum Schlitten umdrapiert, dürfte nicht allzu schwierig sein. Schwieriger ist da schon die Frage des Wetters bei Ihrem Besuch. Wenn nämlich kein Schnee liegt - und das war in den letzten Jahren leider häufig der Fall - ist die Fortbewegung mittels Kufen fast unmöglich. Tierschützer haben in vergangenen Jahren schon mahnend den Finger gehoben, als unsere historische Postkutsche (auf Rädern) von Pferden durch die Altstadt gezogen wurde und die Pferde offensichtlich überanstrengt waren. Wir empfehlen deshalb ein amtstierärztliches Gutachten, das den Elchen die notwendige Robustheit für solche Einsätze auf schneefreiem Boden bestätigt.

Alternativ dazu bieten wir den Einsatz einer Schneekanone an, die wir aus den Alpen herbeischaffen könnten. Hier gilt es jedoch zu bedenken, daß der Einsatz solcher Geräte bei Naturschützern auf Widerstand stößt und wir unter Umständen gezwungen sind, das Umweltamt der Stadt Nürnberg um eine Sondergenehmigung zu bemühen.

4.   Rahmenprogramm

Für das Rahmenprogramm ergeben sich mehrere Möglichkeiten. Die erste ist natürlich ein Spaziergang über den weltberühmten Christkindlesmarkt. Abgesehen von Ihrer eigenen Freude würde Ihr Besuch dort von den anderen Gästen mit großer Sicherheit als Bereicherung empfunden werden. Da Ihr Mann vermutlich dem Alkoholverbot unterliegt, nennen wir Ihnen gern die Lage derjenigen Glühweinbuden, bei denen das Heißgetränk alkoholfrei (heißer Heidelbeersaft) ausgeschenkt wird.

Bei Schneewetter legen wir Ihnen auch eine Ausfahrt mit dem Elchschlitten in den Nürnberger Tiergarten an Herz. Dieser gehört zu den schönsten Landschaftstiergärten der Welt und würde Ihnen und Ihrer Tochter sehr gefallen. Auch die Elche kämen in den Genuß des Treffens mit anderen Tiergattungen.

Zum Schluß empfehlen wir noch einen Abstecher zum Café Prenzel in der nur wenige Kilometer entfernten Stadt Stein, Mühlweg 18. Uns ist bekannt, daß dort vor dem Anwesen ein

- offensichtlich aus Schweden importiertes - Verkehrsschild
mit einem kreuzenden Elch steht, davor eine Futterkrippe für
Heu, so daß die Tiere während Ihres Café-Aufenthalts fachge-
recht versorgt werden könnten.

Ich hoffe, daß unsere Marketingabteilung die in Ihrem Brief
genannten Ideen folgerichtig weiterentwickelt hat. Bitte prüfen Sie die Vorschläge und lassen mich wieder wissen, ob sie
Ihnen zusagen. Bedenken Sie bitte auch, daß genügend Zeit
bleiben muß zum Einholen verschiedener Angebote und Genehmigungen: Zollbestimmungen für die Einfuhr von Elchen, Mietwa-
genfirma und Karosseriebau, Feuerwehr und Umweltamt, um nur
einige zu nennen.

Unser Service-Team wird Ihnen im Rahmen des Möglichen gerne
helfen. Referenzen sind vorhanden. Zu ihnen gehörte schon vor
Jahren Herr Wilfried Bornemann; nur für Herrn Jürgen Sprenzin-
ger durften wir - bis jetzt - noch nicht tätig werden.

Gerne höre ich wieder von Ihnen und verbleibe

mit freundlichen Grüßen

Michael Weber
Städt. Verkehrsdirektor (VDKF)

Ḥafidh Aḥmad Muhammad Othman Abdullah Bin Abd
Nagi Faisal Ḥamad Fawzi Faisal Al-Salami

Herrn
Michael Weber
Staedtischer Verkehrsdirektor
Congress- und Tourismuszentrale
Nuernberg

Fax: (0911) 233-6166

<u>Betr.: Ihr freundliches FAX vom 7. ds. Ms.</u>

Sehr geehrter Herr Verkehrsdirektor (VDFK):

      mit Interesse und Eifer habe ich Ihren 3-seitigen Bericht von heute ge-
lesen und darf Ihnen gleich antworten.

<u>Aktive Beteiligung am Krippenspiel:</u>

Wir moechten auf keinen Fall stoeren und die Aufmerksamkeit der Zuschauer und
Passanten auf uns lenken. Ich faende das auch in Hinblick auf die Laiendarstel-
ler, die sicher viel und eifrig geprobt haben, ungerecht. Wir werden uns also
beim Krippenspiel im Hintergrund halten.

<u>Tag von Santa Lucia:</u>

Ich habe an die Gefahr einer Brandstiftung durch brennende Kerzen nicht gedacht.
Das tut mir leid. Um etwaige Probleme aus der Welt zu schaffen, wuerde unsere
Christina dann einen Kopfschmuck mit brennenden <u>elektrischen</u> Kerzen tragen.
Dann entfaellt auch die Genehmigung durch die oertliche Feuerwehr, nicht wahr?

<u>Hotel Forsthaus in Fuerth/ Wildschweingehege:</u>

Ich werde mich auf Ihren Rat mit Direktor Moellemann in Verbindung setzen. Die
vier Elche, die wir mitbringen, werden aber in einem speziellen Container transportiert, kaemen also mit den Wildschweinen nicht in Beruehrung. Das wird Sie
und ihn beruhigen. So entfallen Territorien-kaempfe zwischen den Tieren!

<u>Schneekanone/ Amtsaerztliches Gutachen fuer die Elche:</u>

Danke fuer den Tip. Aber wir koennen von den Bavaria-Studios <u>kuenstlichen</u>
Schnee preiswert erwerben, den wir - die Genehmigung Ihres verehrten Herrn
Buergermeisters vorausgesetzt - auf dem Markptplatz ausstreuen koennten, um
ein bisschen mehr Weihnachtsatmosphaere zu zaubern. Das wuerde doch auch vielleicht den Buergern und Mitbuergern gefallen, meinen Sie nicht? Gleichzeitig
wuerde sich das Problem einer Genehmigung durch das Umweltamt Ihrer reizenden
Stadt eruebrigen. (Mein Mann wuerde den kuenstlichen Schnee bzw. die Kosten
dafuer gerne uebernehmen!)

Die Elche sind bereits amtsaerztlich untersucht und tragen das Guetesiegel mit Unbedenklichkeitsbescheinigung. Sie wurden beim Einflug in Frankfurt gruendlich durchgecheckt.
Sie sind uebrigens Asphaltpflaster gewoehnt und tragen extrem starke Hufe. Ausserdem haben wir je zwei Ersatzpaar mit. Gibt es bei Ihnen einen Hufschmied, der falls notwendig Hand anlegen kann?

Alkoholverbot fuer meinen Mann Faisal:

Ich bedanke mich herzlich fuer Ihre Fuersorge. Mein Mann hat sich aber noch nie an die ihm eigentlich aufgelegte Abstinenz gehalten. Er kann also durchaus Ihren Gluehwein probieren. Abgesehen davon, dass ich keine Ahnung habe, was Gluehwein ist. Ich kenne Gluehwuermchen, aber die fliegen und leuchten - leuchtet Ihr Wein auch? Wie schmeckt er? Und wieso kann man ihn in Buden kaufen? Normalerweise kommt Wein doch in Flaschen zum Verkauf???

Ihre Vorschlaege fuer das Rahmenprogramm:

Nochmals meinen allerherzlichen Dank fuer Ihr Konzept und die Ideen. Ich habe meinem Mann vorgeschlagen, Sie als Public Relations-Manager fuer unseren Palast in Brunei zu engagieren, vorausgesetzt, Sie wuerden sich abwerben lassen und haetten Interesse, nach Fernost zu kommen. Ich werde gerne zwischen meinem Mann und Ihnen ein persoenliches Treffen arrangieren.

Zur Sache:

Den Nuernberger Tiergarten moechten wir uns sparen, weil wir bereits fuer einen Abstecher bei Hagenbeck in Hamburg Plaene haben.
Café Prenzel in Stein ist vielleicht eine gute Idee. Sind Sie sicher, dass unsere Elche dort versorgt werden koennen? Wobei ich darauf hinweisen sollte, dass sie weniger Heu verzehren als Eicheln und Rosskastanien - aber wir haben ohnehin genuegend Futter dabei.

Zum Schluss noch etwas, das mir am Herzen liegt: Ich habe so viel vom Nuernberger Trichter gehoert - koennen Sie eine Besichtigung arrangieren oder naehere Angaben machen, worum es sich handelt? Koennen wir mit Christina beim Backen Nuernberger Lebkuchen zuschauen?

Hoffentlich habe ich Sie, verehrter Herr Verkehrsdirektor (VDKF) - was bedeutet dieses Kuerzel??? - nicht zu sehr aufgehalten. Ich freue mich darauf, Sie persoenlich begruessen zu koennen und verbleibe - mit Spannung auf Ihre neuerliche Antwort - sowie
mit freundlichen Gruessen aus dem foehnigen Muenchen,
Ihre

Claire Al-Salami   7/11/97

Frau
Claire Al-Salami

Per Fax

8. November 1997

Sehr geehrte Frau Al-Salami,

ich habe damit gerechnet, daß Sie sich der Dringlichkeit hinsichtlich notwendiger Angebote und Genehmigungen bewußt sind und deshalb schnell antworten würden. Aus diesem Grund bin ich am heutigen Samstag ins Büro geeilt, habe tatsächlich Ihr Antwort-Fax vorgefunden und versuche nun eigenständig, ohne die Hilfe meiner Marketingabteilung, sofort auf Ihre Punkte einzugehen.

1. Krippenspiel

Ich danke Ihnen für den Verzicht auf eine aktive Teilnahme. Es hätte in der Tat beträchtlicher Überredungskünste unsererseits bedurft, den Regisseur zur Änderung seines Konzepts zu bewegen, das bislang nur eine Postkutsche vorsah, nicht aber einen Elch-Schlitten.

2. Tag von Skt. Lucia

Gestern abend noch habe ich am Stammtisch mit meinem örtlichen Feuerwehrkommandanten die Frage der brennenden Kerzen auf dem Christkindlesmarkt diskutiert, und wir sind - wie dankenswerterweise auch Sie - auf die Idee mit den elektrischen Kerzen gekommen. Das ist zwar nicht ganz so heimelig wie Wachskerzen und verströmt auch keinen so warmen Lichtton, aber es senkt die Brandgefahr erheblich. Allerdings gab der Feuerwehrkommandant zu bedenken, daß die Kerzen VDE-geprüft sein und das GS-Siegel tragen müssen; außerdem darf der Kerzenkranz nur von einem geprüften Meister des Elektrohandwerks dem Kopfschmuck Ihrer Tochter angepaßt werden.

Ich bin zuversichtlich, daß sich die zuständige Berufsfeuerwehr Nürnberg der Meinung ihres ländlichen Kollegen anschließen wird.

3.	Wildschweingehege am Forsthaus Fürth

Leider konnte ich mit Herrn Direktor Möllmann in Ihrer Angelegenheit noch nicht telefonieren; er ist wegen der Tatsache, daß sein Haus von der Grundig-Stiftung verkauft wurde, derzeit mit anderen Problemen beschäftigt und kümmert sich eher um Hechte und Haie als um Elche und Wildschweine.

Spezielle Container sind sicher eine gute Idee. Aber: Aus welchem Material sind sie? Passen sie durch das Eingangsgatter, oder benötigen Sie einen Kran, um die Behälter über den Zaun zu hieven? Kommt es zu einem Kraneinsatz, sollten Sie bitte auch die gesetzlichen Vorschriften hinsichtlich Ruhezeiten an Sonn- und Feiertagen sowie in den Nachtstunden bedenken. Unser Rechtsamt wird - wenn Sie das wünschen - das Emissionsschutzgesetz gern für Ihren Transporteur auslegen.

4.	Elche und Schnee

Leider muß ich Ihnen vom Einsatz künstlichen Schnees aus den Bavaria-Studios abraten. Unser Christkindlesmarkt ist gesetzlich geschützt; irgendwelche künstlichen Dinge dürfen dort nicht zur Anwendung kommen. Außerdem haben viele Franken etwas gegen alles, was aus München kommt, es sei denn, es handelt sich um Zuschüsse der Bayerischen Staatsregierung oder um hochmögende Gäste aus Grünwald.

Glauben Sie mir bitte: Der Einsatz einer alpenländischen Schneekanone plus die Gebühren für die Genehmigung durch unser Umweltamt kommt Ihren Mann auch nicht teurer zu stehen als der An- und Abtransport des künstlichen Schnees zuzüglich einer Essenseinladung für unseren Marktamtsleiter, den Sie mühsam von der Notwendigkeit eines Abweichens von seinen Grundsätzen überzeugen müßten.

Was die amtstierärztliche Unbedenklichkeitsbescheinigung für die Elche anbelangt, so entnehme ich Ihren Zeilen, daß sie sich auf Asphaltpflaster beschränkt. Nürnberg ist in seinem Kern aber mittelalterlich und daher mit Kopfsteinpflaster gesegnet. Könnten Sie bitte die Bescheinigung auf Kopfsteine erweitern lassen? Sobald uns diese Bescheinigung vorliegt, werden wir aus dem Fränkischen Freilandmuseum in Bad Windsheim einen Hufschmied anfordern. Allerdings sollten Sie uns dann bitte eines der Huf-Ersatzpaare schicken, damit der Hufschmied, der bislang nur Pferde gewohnt ist, einstweilen üben kann.

5.	Glühwein

Ich bewundere Ihren Scharfsinn, der Sie auf die richtige Spur gebracht hat, obwohl Sie Glühwein gar nicht kennen. Glühwein heißt so, weil er die Gesichter der Menschen zum Glühen bringt, sobald diese ein paar Tassen davon getrunken haben. Es ist gerade dieses innere und äußere Leuchten der Menschen, das die unvergleichliche Atmosphäre unseres Marktes ausmacht. Und weil die Menschen den Glühwein so lieben, wird er nicht in Flaschen verkauft, sondern tatsächlich gleich in ganzen Buden, dort aber mit Tassen, die ein jedes Jahr wechselndes Dekor tragen. Bevor Sie jetzt vorschlagen, dieses Jahr Elche auf die Tassen zu malen, muß ich Ihnen sagen, daß wir ein solches Motiv schon vor zwei oder drei Jahren verwendet haben.

6.   Rahmenprogramm

Schade, daß Sie Hagenbeck dem Nürnberger Tiergarten vorziehen. Aber wir sind in Nürnberg großzügig und selbstbewußt. Und deshalb sagen wir: Schauen Sie sich ruhig Hagenbeck in Hamburg an, und Sie werden merken, daß jeder nicht in Nürnberg gelegene Zoo eine Werbung für das hiesige Original ist.

Beim Café Prenzel bin ich mir absolut sicher, daß der Tip gut ist. Ich vergaß nämlich zu erwähnen, daß dort seit gut einer Woche ein namhafter Gartenarchitekt am Werkeln ist, der dem Anwesen ein vollkommen neues Gesicht gibt und den Aufenthaltswert beträchtlich steigert. Die Arbeiten werden bis Mitte Dezember abgeschlossen sein. Eicheln und Roßkastanien sind im angrenzenden Wald genügend vorhanden, und trinken könnten die Elche aus dem frisch angelegten Gartenteich, der vielleicht auch - so Ihre Elche das mögen - Goldfische (absolut parasitenfrei) enthält.

Mit dem Nürnberger Trichter ist das so eine Sache. Ich kenne das Bildungsniveau der Führungsschicht Ihres Landes und habe auch Ihren Scharfsinn inzwischen schätzen gelernt. Deshalb glaube ich nicht, daß Sie und Ihre Landsleute es nötig haben, die Weisheit eingetrichtert zu bekommen. Als Ersatz biete ich Ihnen aber an, den als überdimensionalen Trichter gestalteten Werbeturm auf einer Verkehrsinsel vor dem Nürnberger Flughafen anzuschauen.

Beim Backen Nürnberger Lebkuchen zuzuschauen, ist kein Problem. Vorausgesetzt - ich traue es mich kaum zu sagen -, Sie bringen ein Gesundheitszeugnis bei, das nach dem Lebensmittelgesetz vorgeschrieben ist und Ihrer Tochter sowie den begleitenden Eltern und Leibwächtern bescheinigt, daß sie keine ansteckenden Krankheiten haben. Dann müßte ich nur noch wissen, um welche Lebkuchen es sich handeln soll: Schöller, Wicklein, Schumann, Schmidt, Fraunholz, Weiß, oder andere?

7.   Meine Person

Bescheiden, wie ich bin, will ich meine Person erst ganz am Schluß erwähnen; gleichzeitig bedanke ich mich für Ihr Interesse. Also: "VDKF" bedeutet "Verband der Dienstleister für Kommerz in Fern-Ost", was gleichzeitig meine Leidenschaft für Ihre Anliegen erklärt. Und ich wäre tatsächlich an einem Treffen

mit Scheich Feisal interessiert, um die Möglichkeit einer
Tätigkeit als PR-Manager für ihn zu prüfen. Allerdings habe
ich da schon Probleme. Zum einen müßte auch ich die Möglichkeit haben, in Ihrem Lande wenigstens Frankenwein trinken zu
können, ohne gleich der Gefahr von öffentlichen Stockschlägen
ausgesetzt zu sein. Und zweitens bin ich mir über den Umfang
der Aufgabe und vor allem der Reisetätigkeit nicht im klaren.
Ich hatte nämlich aus Ihrem ersten Fax den Eindruck, daß Sie
Ihren Hauptwohnsitz in den Vereinigten Arabischen Emiraten
haben, worauf auch der Name Ihres verehrten Mannes hindeutet.
Jetzt schreiben Sie aber von einem Palast in Brunei. Sollten
sich da politische Entwicklungen ergeben haben, die mir beim
morgendlichen Zeitunglesen entgangen sind, oder hat es unsere
Presse nicht mehr nötig, darüber zu berichten, was sich jenseits der weiß-blauen Grenzen ereignet? Falls Dubai und Brunei
gemeinsam zu meinem Aufgabengebiet gehören, müßte ich Flugrei-
sen zur Bedingung machen, weil ich das Schaukeln eines Schif-
fes nicht vertrage. Standesgemäße First Class und bevorzugte
Bedienung durch geschultes und liebreizendes Personal setze
ich voraus.

Verzeihen Sie, daß ich jetzt Schluß mache, aber auf mich warten noch ein paar Kleinigkeiten wie das Schreiben eines Proto-
kolls über eine Sitzung meines Aufsichtsrats, das Verfassen
von Dankbriefen an die japanischen Direktoren eines fernöstli-
chen Kulturfestivals und der Beginn eines Geschäftsberichts
1997, in dem auch lobende Erwähnung finden wird, daß es uns
(voraussichtlich) gelungen ist, die Gästezahl aus den Vereinigten Arabischen Emiraten (und aus Brunei?) um jeweils
1087 Prozent zu steigern.

Ich verbleibe mit dem Ausdruck ehrerbietiger Hochachtung und
mit freundlichen Grüßen

Michael Weber
Städt. Verkehrsdirektor (VDKF)

Hafidh Ahmad Muhammad Othman Abdullah
Bin Abd Nagi Faisal Hamad Fawzi Al Salami

Château des Cinglés – Dubai (U.A.E.)
Fax: (++1-801) 751-7857 - E-mail: sheikh_al_salami@hotmail.com

PERSÖNLICH UND SEHR VERTRAULICH!
Frau
Katja Flint
FAX: (0049-89) 201-2977

Liebe Katja:

Ich hoffe, Sie erinnern sich noch an unser Treffen in B.H. Ich erzählte Ihnen damals, daß mein Mann daran denkt, einen kleinen Teil seines Vermögens in die Produktion eines Filmes zu investieren. Und natürlich wollte Sheikh Al Salami nur Sie in der Hauptrolle! Ganz plötzlich ist er nun von uns gegangen. Zu meiner Überraschung erfuhr ich bei der Testamentseröffnung vor wenigen Tagen, daß er Ihnen einen Rolls-Royce aus seiner Sammlung vermachte. Wohl als Anerkennung für Ihre Personalität, die ihn ja immer mächtig beeindruckte, und Ihre Leistung in „Marlene" – mein Gatte, Allah habe *ihn* selig, kannte die Dietrich persönlich, er wußte also, warum er Sie mochte!

Das Corniche Cabrio (grau-blaues Leder, zweifarbig in Silber/Weinrot lackiert) steht In der Beverly Wilshire Hotel-Garage. Gefahren wurde er kaum, stört Sie das???
Wann können Sie nach Los Angeles kommen und ihn abholen?
Oder soll ich ihn für Sie verkaufen, aber da würde sich mein Mann im Grabe umdrehen, er wollte doch, daß Sie ihn fahren!
Haben Sie einen Führerschein?
Haben Sie Lust, mit mir im „Le Dôme" zu speisen?
Könnten Sie mir aus München ein Dutzend Weißwürste mitbringen?

Ich erinnere mich, was für Probleme mein lieber Arndt von Bohlen-Halbach mit seinem Rolls in München hatte, es gibt so viel Neider – vielleicht möchten Sie das Auto hier lassen? In jedem Fall müßten wir aber die Fahrzeugpapier bald übertragen!
Ich freue mich auf ein baldiges Wiedersehen! In Erwartung Ihrer raschen Faxantwort immer
Ihre

(1)

TO: Mrs. Claire Al Salami
FROM: KATJA FLINT
Tel: 089-470
FAX   "   "   MobilTel 0172

Berlin 6, 4, 01

Liebe Claire,

Vielen Dank für Ihr Fax. Zunächst einmal möchte ich mein allerherzlichstes Beileid zum Ausdruck bringen. Wie Sie sich sicher vorstellen können, bin ich zutiefst gerührt und überwältigt von der so unglaublich großzügigen Geste ihres Mannes. Selbstverständlich wäre es mir nicht nur eine große Freude, sondern auch eine besondere Ehre dieses faszinierende Auto zu fahren. Zu Ihren Fragen: Ja, ich habe einen Führerschein, sehr gerne würde ich mit Ihnen im „le Dôme" speisen und die Weißwürste bringe ich selbstverständlich gerne mit. Zur Zeit drehe ich einen Film

in Berlin, sie können mich unter der (II
mobil Tel Nr 0172-84   2 erreichen
oder bis 11.04. aus Hotel Madison Zimmer
1003 faxen: 030·590050500. Ab
12.04. bin ich wieder unter den privaten
Nummern (siehe oben) zu erreichen.

Sollte dies kein April-Scherz
sein oder ein Traum, aus dem ich
gleich erwache, möchte Ihnen
versichern, dass ich dem Wunsch
Ihres Mannes alle Ehre erweisen
werde und es somit (zumindest
nicht wegen mir) keinen Grund geben
dürfte, dass er sich "im Grabe umdreht".
Meine nächste geplante L.A. Reise wäre 2 Wochen
Mitte August. Aber auch schon früher (zwischen
20. Mai bis 20. Juni) habe ich Phasen mit
wenig Terminen in Deutschland, sodaß ich
eine L.A. Reise möglich machen könnte.
(Ich freue mich darauf bald von Ihnen zu hören
                        Herzlichst Uwe Katja F.

𝕳afidh 𝒜hmad 𝒜uhammad Othman 𝒜bdullah
𝕭in 𝒜bd 𝒩agi 𝒥aisal 𝕳amad 𝒥awzi 𝒜l Salami
Château des Cinglés – Dubai (U.A.E.)
Fax: (++1-801) 751-7857 - E-mail: sheikh_al_salami@hotmail.com

PERSÖNLICH UND SEHR VERTRAULICH!
Frau
Katja Flint
Hotel Madison Berlin, Zimmer 1003
FAX: (0049-30) 5900-50500

Liebe Katja:

Was für eine Überraschung heute morgen Ihr liebenswürdiges Fax vor-
zufinden! Lieben, lieben Dank!

Ich bin sehr glücklich darüber, daß Sie das Vermächtnis annehmen wollen! Hafidh würde es sicherlich auch sehr glücklich machen. Ich bedanke mich auch schon im Voraus für Ihre Mitbringsel aus München.
(Weißwürste. Am liebsten habe ich sie vom Franziskaner, können Sie
das einrichten? Und noch eine Bitte: Süßen Senf nicht vergessen, der
ist hier scheußlich!)

Ich möchte natürlich keinesfalls, daß Sie Ausgaben haben. Wollten Sie
denn ohnehin im August nach L.A. kommen? Wenn nein: Bevorzugen
Sie irgendeine Airline? Ich werde Ihnen rechtzeitig ein Flugticket zukommen lassen. Wie ist Ihre Anschrift? Sie wohnen doch nicht ständig
in einem Hotel wie dieser Rocksänger, wie heißt er doch noch,
Udo....??? Ich könnte Ihnen eventuell auch unseren Privatjet schicken,
aber dann müßten wir genaue Termine ausmachen, schon wegen der
Security. Haben Sie einen Bodyguard?

Last not least: Möchten Sie den Rolls nach Deutschland überführen? Die
Transportkosten per Jumbo sind natürlich gedeckt, Hafidh war ein sehr
fürsorglicher Mann, er dachte immer an alles!

Ich freue mich auf ein baldiges Wiedersehen! Wie heißt der Film, den
Sie gerade drehen? Kommt er auch nach USA?
Ihre

Claire Al Salami
Samstag, 7. April 2001

Berlin 10,4,0.

Liebe Claire,

Danke für Ihre schnelle Antwort. Wie Sie sich sicher vorstellen können, hatte ich das Bedürfnis, die Nachricht über diese ungewöhnliche Erbschaft meinen engsten Vertrauten mitzuteilen. Grundsätzlich freut man sich sehr für mich, nur mein Vater (vielleicht ähnlich führsorglich wie ihr verstorbener Mann) macht sich Sorgen, dass man mich vielleicht in eine Falle locken möchte. Deshalb hoffe ich auf Ihr Verständnis, wenn ich Sie bitte, die Erbschaft von Ihrem Anwaltsbüro kurz per FAX an mich bestätigen zu lassen. Das würde meinen Papa sicher beruhigen. Ich persönlich könnte mir zwar vorstellen, dass es sich

um einen Spaß der Sendung
"Versteckte Kamera" handelt, würde
diesen Spaß unter bestimmten Bedingungen
auch mit machen, viel lieber wäre
mir natürlich, wenn dieses "Märchen"
Wahrheit wäre.

So, wie es im Moment aussieht,
hätte ich Mitte August Zeit nach
L.A. zu kommen. Genaue Termine
können wir besprechen, sowie mein
Drehplan für diesen Zeitraum feststeht
(dürfte in wenigen Wochen soweit sein)

Es grüßt Sie ß-lich

Ihre Kaffa Fein

P.S.
vom 12 – 22.04.01
bin ich unter der
privaten FAX Nr: 089 – 470   2
vom 23.04 – 7.05.01
Hotel Madison Berlin 030 – 5900 50500

Hafidh Ahmad Muhammad Othman Abdullah
Bin Abd Nagi Faisal Hamad Jawzi Al Salami
Château des Cinglés – Dubai (U.A.E.)
Fax: (++1-801) 751-7857 - E-mail: sheikh_al_salami@hotmail.com

Frau
Katja Flint
FAX: (0049-89)

Liebe Katja:

Natürlich erhielt ich Nachricht von Ihren Mitteilungen, und ich muß um Vergebung bitten, daß ich mich bei Ihnen erst heute melde, aber ich war in Südamerika, bei meinem lieben Freund Ivo, und eine Party jagte die andere. Außerdem ließ ich etwas an mir korrigieren, Ivo ist ein großer Könner, und frau kann doch auch noch im Alter gut ausschauen, nicht wahr?

Aber nun zu Ihrem Besuch! Ich schrieb doch schon, daß Sie sich um Ihren Flug keine Sorgen machen müssen – entweder schicke ich Ihnen die Tickets oder meinen Jet – was haben Sie denn lieber? Möchten Sie noch jemanden mitnehmen, vielleicht Ihren Herrn Vater, damit er sich keine weiteren Sorgen macht? Haben Sie besondere Wünsche in Hinblick auf Getränke, Speisen??? Neulich hatte ich Jerry Lewis an Bord, er trank nur Cola Light, das fand ich ausgesprochen langweilig, ich würde vorschlagen, Sie suchen sich etwas Besonderes aus, der Anlaß Ihrer Reise ist doch besonders genug! Womit ich gleich zum nächsten Punkt komme: Sie vergessen leider immer wieder, auf meine Fragen zu antworten, vor allem scheint wichtig, ob Sie den Rolls-Royce nach Europa mitnehmen wollen und wann. Dazu müßte René (mein persönlicher Assistent) einen Cargo-Jumbo rechtzeitig bestellen. Sie können die Corniche ein Jahr lang in Europa mit amerikanischem Kennzeichen fahren – und dann eventuell zurücktransportieren. Vom langen Herumstehen in der Garage hier wird er auch nicht besser – ich hoffe doch nicht, Sie denken daran, ihn zu verkaufen????

Soll Sie der Jet in Paris abholen – Sie drehen doch in Versailles? Oder in Berlin???? Was halten Sie denn vom 15. August?? Bringen Sie mir die Weißwürste aus München mit? Natürlich kann der Pilot auch kurz dort Station machen, dann haben Sie keine Umstände.

Herzlich grüßt Sie aus dem sonnigen New York
Ihre

München 19. 06. 01

Liebe Claire,

Vielen Dank für Ihr Fax.
Der 15. August wäre wunder-
bar für mich. Mein Vater
darf leider nicht mehr fliegen
erst 75 und herzkrank.
Aber mein Sohn Oscar Lauterbach
und wenn möglich meine Assistentin
und mitlerweile beste Freundin
Alexandra Leis würden sich sehr
freuen. Am liebsten würden
wir mit der Lufthansa München
—L.A. direkt fliegen (täglich 13²⁰)
Voraussichtlich Am 8. 8. 01 hin
und am 20. 8. 01 zurück (10⁰⁰ ab L.A.
ebenfalls Lufthansa) im First oder Business
class, umbuchbar falls ich erst 1-2 Tage später

①

als erwartet mit meinen Dreharbeiten fertig bin. Unseren Termin werde ich jedoch ganz sicher einhalten können, da mein Vertrag am 9. August zuende ist.

Sehr gerne würde ich den Rolls-Royce in Deutschland fahren, er könnte also. Der per Cargo ankommen, irgendwann nach dem 21. August. Dass man ihn ein Jahr mit US-Kennzeichen fahren kann ist ja prima.

Die Weißwürste inclusive süßem Senf vom Franziskaner bringe ich herzlich gerne mit. Ich hoffe nur, dass ich sie durch den Zoll bringe, denn soweit ich weiß darf man kein Fleisch einführen. Vielleicht fällt Ihnen ja noch eine Alternative ein. Ich scheue keine Mühe um Ihnen eine Freude zu bereiten.

Es wäre sehr nett, wenn sie
sobald als möglich die Flugtickets
an meine Privat Adresse schicken
lassen könnten: KATJA FLINT

81675 MÜNCHEN

Am Flughafen in L.A. werden wir
abgeholt (organisiert vom Büro
der Constantin film, mit denen ich befreundet
bin)
Sobald sie Uhrzeit + Ort des Treffens
am 15. August wissen, sagen sie mir
bescheid oder faxen Sie. In L.A.
erreichen Sie mich über Lisa Kregnes
(% Constantin film) Tel ·1· 310 247 0300
sie kann Telefonate direkt zu
mir durchstellen.

Mit ♡-lichen Grüßen aus dem
verregneten München (in Vorfreude auf
Hollywood-Sonne)
Ihre Katja Flint ③

Prinzessin Thekla's

aufregende Jagd
nach dem Wappenschild

Ein absolut blöd-sinniger Abenteuerroman für alle,
die das Lachen verlernt haben

von **Claire Al Salami**